Dr. Nikolaus Birkl

Recht
bekommen
bei Behörden

Handbuch
für den juristischen
Laien

Dr. Nikolaus Birkl

Recht bekommen bei Behörden

Handbuch für den juristischen Laien

WISSEN

Lizenzausgabe 1992 für
Wissen Verlag GmbH, Herrsching
© Verlag für Verwaltungspraxis Franz Rehm GmbH,
München
Alle Rechte vorbehalten
Umschlaggestaltung: Bine Cordes, Weyarn
Printed in Germany
ISBN 3-8075-0046-4

Vorwort

Verwaltungsverfahren und Verwaltungsprozeß gewinnen in den letzten Jahren für alle Bürger und Unternehmen zunehmend an Bedeutung. Die Vielzahl an Vorschriften ist für den Laien meist unüberschaubar, so daß er sich in den Verfahren oft nicht zurechtfinden kann. Firmen werden ebenfalls in steigendem Maß mit Verwaltungsverfahren konfrontiert, ohne ihre Rechte und Stellung im Verfahren ausreichend zu kennen.

Der Verfasser hat es sich zur Aufgabe gemacht, den Betroffenen mit diesem Buch eine solide Grundlage für das Verwaltungsverfahren und den Verwaltungsprozeß zu vermitteln, damit sie ihre Rechte möglichst wirkungsvoll geltend machen können.

Der Verfasser

Inhaltsübersicht

	Seite
Vorwort	5
Abkürzungen und Hinweise für den Benutzer	15
Sind für Sie folgende Fragen wichtig?	17

Kapitel 1
Bürger und Verwaltung im Rechtsstaat, Aufgabe des Buches 25

Kapitel 2
Das Verwaltungsrecht und seine wesentlichen Besonderheiten ... 27

1	Allgemeines Verwaltungsrecht und Besonderes Verwaltungsrecht	27
2	Besonderheiten des Verwaltungsrechts	28
2.1	Unterordnungsverhältnis, Wissensvorsprung der Behörden	28
2.2	Ermessen, gebundene Entscheidung, Handhabung des Ermessens	29
2.2.1	Notwendigkeit des Ermessens	29
2.2.2	Die gebundene Entscheidung	29
2.2.3	Die Soll-Vorschrift	30
2.2.4	Die Ermessensentscheidung	30
2.2.5	Der unbestimmte Rechtsbegriff	31
2.2.6	Ermessenshandhabung	32
2.2.7	Ermessenseinschränkung	33
2.3	Geeignetheit, Erforderlichkeit und Verhältnismäßigkeit	34
2.4	Der Gleichheitsgrundsatz	36

		Seite
3	Mögliche Formen des Verwaltungshandelns und ihre Rechtsgrundlagen	37
3.1	Der Gesetzesvorbehalt	38
3.2	Verordnung und Satzung	38
3.3	Verwaltungsakt und Allgemeinverfügung	39
3.4	Der öffentlich-rechtliche Vertrag	40
3.5	Die fiskalische Tätigkeit	40
3.6	Weitere Handlungsformen	40

Kapitel 3
Das Verwaltungsverfahren 41

1	Die Verfahrensgrundsätze	41
1.1	Allgemeines	41
1.2	Der Begriff des Verwaltungsverfahrens	42
1.3	Die Nichtförmlichkeit des Verwaltungsverfahrens	44
1.4	Beteiligungsfähigkeit, Handlungsfähigkeit und Beteiligung	45
1.5	Bevollmächtigte, Beistände und Vertreter in Massenverfahren	47
1.6	Vom Verwaltungsverfahren ausgeschlossene Personen, Besorgnis der Befangenheit	51
1.7	Der Beginn des Verwaltungsverfahrens	52
1.8	Deutsch als Amtssprache	54
1.9	Der Untersuchungsgrundsatz im Verwaltungsverfahren	54
1.10	Beratung und Auskunft	55
1.11	Die Beweismittel des Verwaltungsverfahrens	56
1.12	Die Anhörung des Beteiligten im Verwaltungsverfahren	58
1.13	Das Recht des Beteiligten auf Akteneinsicht und Geheimhaltung	60
2	Der Verwaltungsakt	61
2.1	Definition des Verwaltungsaktes	61
2.2	Die Allgemeinverfügung	63
2.3	Der Verwaltungsakt mit Doppelwirkung	63
2.4	Bestimmtheit und Form des Verwaltungsaktes	64

		Seite
2.5	Nebenbestimmungen und Begründung des Verwaltungsaktes	65
2.6	Die Zusicherung	68
2.7	Offenbare Unrichtigkeiten	69
2.8	Die Wirksamkeit des Verwaltungsaktes und seine Bekanntgabe	69
2.9	Der nichtige Verwaltungsakt	72
2.10	Heilung und Folgen von Verfahrens- und Formfehlern	74
2.11	Die Umdeutung eines fehlerhaften Verwaltungsaktes	75
2.12	Die Rücknahme eines rechtswidrigen Verwaltungsaktes	76
2.13	Der Widerruf eines rechtmäßigen Verwaltungsaktes	79
2.14	Rücknahme und Widerruf im Rechtsbehelfsverfahren	82
2.15	Die Rückgabe von Urkunden und Sachen	82
2.16	Das Wiederaufgreifen des Verfahrens	82
2.17	Verwaltungsakt und Verjährung	83
3	**Der öffentlich-rechtliche Vertrag**	84
3.1	Allgemeines	84
3.2	Zulässigkeit und Formen des öffentlich-rechtlichen Vertrages	85
3.2.1	Der Vergleichsvertrag	85
3.2.2	Der Austauschvertrag	86
3.2.3	Der nichtige Vertrag	87
3.3	Formvorschriften	88
3.4	Die Anpassung und Kündigung des öffentlich-rechtlichen Vertrages in besonderen Fällen	88
4	**Besondere Verfahrensarten**	89
4.1	Das förmliche Verwaltungsverfahren	90
4.2	Das Planfeststellungsverfahren	92
4.2.1	Allgemeines	92
4.2.2	Das Anhörungsverfahren	93
4.2.3	Der Planfeststellungsbeschluß	95
4.2.4	Die Wirkungen der Planfeststellung	96

		Seite
5	Fristen und Termine, Rechtsbehelfsbelehrung und Wiedereinsetzung	99
5.1	Fristen und Termine	99
5.2	Die Rechtsbehelfsbelehrung	101
5.3	Die Wiedereinsetzung in den vorigen Stand	101
6	Unanfechtbare Verfahrensanordnungen und formlose Rechtsbehelfe	103
6.1	Unanfechtbare Verfahrensanordnungen	103
6.2	Die formlosen Rechtsbehelfe	104
7	Das Widerspruchsverfahren	105
7.1	Allgemeines	105
7.2	Die Notwendigkeit des Widerspruchsverfahrens	105
7.3	Prüfungsumfang	106
7.4	Der Widerspruch	107
7.5	Die Anhörung Dritter	108
7.6	Abhilfeentscheidung und Widerspruchsbescheid	108
7.7	Die Kostenentscheidung	109
7.8	Die Wirkung des Widerspruchs	109
7.9	Die Widerspruchsrücknahme	110

Kapitel 4
Der Verwaltungsprozeß 111

1	Allgemeines zum Verwaltungsprozeß	111
1.1	Der Bürger in der Rolle des Klägers	111
1.2	Arten und Besetzung der Verwaltungsgerichte	111
1.3	Der Verwaltungsrechtsweg	112

Inhaltsübersicht

		Seite
2	**Klagearten und ihre Zulässigkeit**	113
2.1	Zulässigkeit und Begründetheit	113
2.2	Allgemeine Zulässigkeitsvoraussetzungen aller Klagearten	113
2.3	Die Anfechtungsklage	115
2.4	Die Verpflichtungsklage	116
2.5	Die Untätigkeitsklage	117
2.6	Die Fortsetzungsfeststellungsklage	118
2.7	Die Feststellungsklage	118
2.8	Die allgemeine Leistungsklage	119
2.9	Die vorbeugende Unterlassungsklage	119
2.10	Die Normenkontrolle	120
3	**Prüfungsumfang und Urteilsinhalt**	121
3.1	Prüfungsumfang bei Ermessensentscheidungen	121
3.2	Die Begründetheit der Anfechtungsklage	122
3.3	Die Begründetheit der Verpflichtungsklage	123
3.4	Die Begründetheit der Fortsetzungsfeststellungsklage	124
3.5	Die Begründetheit der Feststellungsklage	124
3.6	Die Begründetheit der allgemeinen Leistungsklage	124
4	**Verfahrensgrundsätze und allgemeine Verfahrensvorschriften**	124
4.1	Der Untersuchungsgrundsatz	124
4.2	Die Verfahrensbeteiligten	125
4.3	Die Vertretung durch Prozeßbevollmächtigte und Beistände	127
5	**Das Verfahren in erster Instanz**	128
5.1	Die Klage zum zuständigen Verwaltungsgericht	128
5.1.1	Die Klageerhebung	128
5.1.2	Die örtliche Zuständigkeit	128
5.1.3	Der notwendige Inhalt der Klageschrift und ihre Folgen	129
5.1.4	Die Klagefrist	130

		Seite
5.2	Vorbescheid und Gerichtsbescheid	130
5.3	Klageumfang und Widerklage	131
5.4	Die Klageänderung	132
5.5	Die Klagerücknahme	132
5.6	Verbindung und Trennung, Aussetzung und Ruhen	133
5.7	Befangenheit und Ablehnung	133
5.8	Die Akteneinsicht	134
5.9	Die mündliche Verhandlung und die Beweisaufnahme	135
5.10	Der gerichtliche Vergleich	136
5.11	Das verwaltungsgerichtliche Urteil	137
5.12	Der verwaltungsgerichtliche Beschluß	138
6	**Berufung und Beschwerde**	138
6.1	Die Berufung	138
6.2	Die Beschwerde	141
7	**Die Revision**	142
8	**Die Wiederaufnahme des Verfahrens**	142
9	**Kosten und Vollstreckung**	142

Kapitel 5
Aufschiebende Wirkung, Sofortvollzug und einstweilige Anordnung 145

1	Allgemeines	145
2	Die aufschiebende Wirkung	145
3	Die Anordnung der sofortigen Vollziehung	146
4	Die Aussetzung der sofortigen Vollziehung nach § 80 Abs. 4 VwGO	147

		Seite
5	Der Antrag nach § 80 Abs. 5 VwGO	147
5.1	Die Wiederherstellung der aufschiebenden Wirkung	147
5.2	Der Antrag auf Anordnung der sofortigen Vollziehung	148
5.3	Rechtsmittel gegen gerichtliche Beschlüsse nach § 80 Abs. 5 VwGO	148
6	**Die einstweilige Anordnung**	149

Stichwortverzeichnis 151

Abkürzungen und Hinweise für den Benutzer

VwVfG   Verwaltungsverfahrensgesetz
VwGO   Verwaltungsgerichtsordnung

Es bedeuten:

❗ Wichtig

● Beispiel

Sind für Sie folgende Fragen wichtig?

Haben Sie gelegentlich mit der öffentlichen Verwaltung Kontakt?

- Sie sollten wissen, worauf das Handeln der Verwaltung beruht, wie Sie Ihnen begegnen darf und welche Rechte Sie im Verwaltungsverfahren haben.

  (Kapitel 1 — ab Seite 25)

Haben Sie den Eindruck, die Behörde entscheidet über Ihre Interessen „von oben"?

- Ihr Eindruck ist richtig, denn die Behörde hat hoheitliche Macht. Das bedeutet aber nicht, daß Sie sich der Entscheidung fügen müssen: Die Behörde muß genaue Verfahrensgrundsätze beachten und darf Ihre Rechte nicht verletzen. Welche Rechte Sie im Verfahren haben und wie Sie sie geltend machen können, zeigt Ihnen dieses Buch.

  (Kapitel 1 — ab Seite 25)

Wann hat die Behörde „Ermessen"?

- Sie sollten sich klar sein, ob die Behörde bei der Entscheidung Zweckmäßigkeitsüberlegungen anstellen darf, oder ob Sie einen unmittelbaren Anspruch auf ein bestimmtes Verhalten der Behörde haben.

  (Kapitel 2 — ab Seite 30)

Bedeutet „Ermessen", daß die Behörde nach Belieben über Ihre Rechte verfügen kann?

- Jede Vorschrift, die der Behörde Ermessen einräumt, enthält auch Grenzen des Ermessens. Sie sollten wissen, wann diese Ermessensgrenzen überschritten sind. Die Behörde kann nicht willkürlich handeln.

  (Kapitel 2 — ab Seite 32)

Muß Ihnen die Behörde eine Genehmigung erteilen oder hat sie Ermessen?

- Sie sollten sich informieren, ob Sie einen einklagbaren Rechtsanspruch auf eine Genehmigung (wie z. B. die Baugenehmigung) haben.

  (Kapitel 2 — ab Seite 33)

Was bedeutet „Verhältnismäßigkeit"?

- Die Behörde darf keine Regelung treffen, bei der alle Nachteile objektiv die Vorteile überwiegen.

  (Kapitel 2 — ab Seite 34)

Wann können Sie sich auf den Gleichheitssatz berufen?

- Der Gleichheitssatz ist nicht immer verletzt, wenn etwas ungleich behandelt wird. Dies Buch sagt Ihnen, wann sachliche Gründe für ungleiche Entscheidungen vorliegen.

  (Kapitel 2 — ab Seite 36)

Was ist eine Satzung?

- Sie sollten wissen, was Erschließungsbeitrags- oder Bebauungsplansatzungen sind, welche Folgen sie haben und wie man sich gegen Satzungen wehren kann.

  (Kapitel 2 — ab Seite 38)

Welche Rechte haben Sie im Verwaltungsverfahren?

- Sie erhalten einen Überblick über alle Möglichkeiten, Ihre Rechte in einem Verwaltungsverfahren zu erkennen und erfolgreich wahrzunehmen.

  (Kapitel 3 — ab Seite 41)

Wann haben Sie ein Recht auf Akteneinsicht?

- Die Behörden machen häufig Schwierigkeiten bei Akteneinsichten. Im Kapitel 4 erfahren Sie, wann Sie auf einer Akteneinsicht bestehen können.

  (Kapitel 3 — ab Seite 60)

Was ist ein „Bescheid" oder eine „Anordnung"?

- Bescheid und Anordnung sind typische Verwaltungsakte. Dies Buch sagt Ihnen, wann ein Verwaltungsakt vorliegt, was er bedeutet, und wie Sie sich gegen Verwaltungsakte wehren können.

  (Kapitel 3 — ab Seite 61)

Können Sie sich wehren, wenn die Behörde einem Dritten etwas genehmigt, was Sie möglicherweise beeinträchtigt?

- Dem Verwaltungsakt mit Doppelwirkung wird in diesem Buch große Aufmerksamkeit gewidmet, denn er stellt das häufigste Problem der Praxis dar.

  (Kapitel 3 — ab Seite 63)

Wann können Sie sich z. B. gegen eine Baugenehmigung Ihres Nachbarn wehren?

(Kapitel 4 — ab Seite 115)

Wann kann sich ein lärmverursachender Betrieb gegen neue Wohnbebauung wehren?

(Kapitel 4 — ab Seite 120)

Wann kann sich eine vorhandene Wohnbebauung gegen einen zu lauten Gewerbebetrieb wehren?

- In den Beispielen zum Verwaltungsakt mit Doppelwirkung führt das Buch auch in grundlegende Unterscheidungen ein, wie z. B. in das Bauplanungsrecht (nachbarschützend oder nicht?).

  (Kapitel 3 — ab Seite 63)

Wann können Sie sich auf die Zusicherung einer Behörde berufen?

- Meinungsäußerungen von Behördenmitgliedern sind keine Zusicherungen. Sie können nur selten hieraus Rechte herleiten.

  (Kapitel 3 — ab Seite 68)

Sind für Sie folgende Fragen wichtig?

Wann ist es zweckmäßig, mit einer Behörde einen öffentlich-rechtlichen Vertrag zu schließen?

- Öffentlich-rechtliche Verträge sind nur eingeschränkt möglich. Sie lernen hier die genauen Voraussetzungen für öffentlich-rechtliche Verträge und ihre Folgen kennen.

  (Kapitel 3 – ab Seite 84)

Kann Ihre Gemeinde von Ihnen bei einem Bauvorhaben den Abschluß eines „Nachfolgelastenvertrages" verlangen?

- Nachfolgelastenverträge sind meistens nichtig, aus ihnen können keine Rechte hergeleitet werden. Das Buch erklärt Ihnen, warum.

  (Kapitel 3 – ab Seite 86)

Was ist ein förmliches Verwaltungsverfahren?

(Kapitel 3 – ab Seite 90)

Was ist ein Planfeststellungsverfahren?

- Sie erfahren die Einzelheiten über diese besonderen Verfahrensarten und Ihre Rechte in diesen Verfahren.

  (Kapitel 3 – ab Seite 92)

Welche Fristen sind für Rechtsmittel zu beachten, welche Folgen hat Ihre Versäumung?

- Die Versäumung von Fristen ist nicht immer schuldhaft. In diesen Fällen kann Wiedereinsetzung gewährt werden. Die vorliegende Darstellung nennt Ihnen die Voraussetzungen.

  (Kapitel 3 – ab Seite 99)

Wollen Sie gegen eine Verwaltungsentscheidung Widerspruch einlegen?

- Sie erfahren, welche Formvorschriften, Fristen und Verfahrensvorschriften Sie beim Widerspruchsverfahren beachten müssen.

  (Kapitel 3 – ab Seite 105)

Ist es tatsächlich zweckmäßig, einen Widerspruch immer zurückzunehmen, wenn Ihnen dies die Behörde nahelegt?

- Will Ihnen die Behörde einen beantragten Verwaltungsakt nicht erteilen und legen Sie hiergegen Rechtsmittel ein, wäre es meistens falsch, das Rechtsmittel (Widerspruch oder Klage) zurückzunehmen, da Sie dann einen neuen Antrag kaum mehr stellen können. Sie sollten den ursprünglichen Antrag an die Behörde zurücknehmen, da dieser jederzeit wiederholt werden kann. Gleiches gilt für die Rücknahme der Klage oder der Berufung im Verwaltungsprozeß.

  (Kapitel 3 — ab Seite 110)

Wollen Sie eine Klage zum Verwaltungsgericht erheben?

- Sie erfahren die notwendigen Formvorschriften für die Klage.

  (Kapitel 4 — ab Seite 128)

Welche einzelnen Klagearten gibt es und welche müssen Sie wählen?

- Die Klagearten werden Ihnen einzeln erläutert, damit Sie das richtige Verfahren wählen können.

  (Kapitel 4 — ab Seite 113)

Sind Sie Beigeladener eines Verwaltungsprozesses?

- Sie erfahren, über welche Rechte und Rechtsmittelmöglichkeiten der Beigeladene verfügt.

  (Kapitel 4 — ab Seite 126)

Sind für Sie folgende Fragen wichtig?

Wie läuft eine Verhandlung vor dem Verwaltungsgericht ab?

- Die Verhandlung wird im einzelnen geschildert, so daß Sie bei einem Termin des Verwaltungsgerichts der Situation gewachsen sind.

  (Kapitel 4 — ab Seite 135)

Wie wird ein Vergleich vor dem Verwaltungsgericht geschlossen?

- Verwaltungsgerichte regen häufig Vergleiche an. Sie sind meist nur dann zweckmäßig, wenn alle Verfahrensbeteiligten zustimmen.

  (Kapitel 4 — ab Seite 136)

Müssen Sie als Beigeladener einem Vergleich zwischen Kläger und Beklagtem zustimmen?

- Sie müssen nicht zustimmen, können aber den Inhalt wie Verwaltungsakte anfechten. Das Buch erklärt Ihnen, welche Rechte Sie haben.

  (Kapitel 4 — ab Seite 136)

Wie läuft das Berufungsverfahren ab?

- Das Berufungsverfahren wird im einzelnen geschildert.

  (Kapitel 4 — ab Seite 138)

Können Sie auch nach einem Widerspruch noch von einem Verwaltungsakt Gebrauch machen?

- Widerspruch und Klage haben aufschiebende Wirkung, die Wirksamkeit des Verwaltungsaktes entfällt. Die Ausnahmen hiervon und Rechtsmittel dagegen werden geschildert.

  (Kapitel 5 — ab Seite 145)

Wann darf die Behörde die sofortige Vollziehung erteilen, wann haben Sie einen Anspruch darauf?

- Die aufschiebende Wirkung kann durch eine Anordnung der sofortigen Vollziehung beseitigt werden. Hiergegen gibt es Rechtsmittel. Diese in der Praxis sehr wichtigen Fragen werden eingehend erörtert.

(Kapitel 5 — ab Seite 146)

Wann haben Sie Anspruch auf eine einstweilige Anordnung des Verwaltungsgerichts?

- In eilbedürftigen Angelegenheiten können einstweilige Anordnungen ergehen. Sie erfahren hier, wann sie zulässig und begründet sind.

(Kapitel 5 — ab Seite 149)

Kapitel 1

Bürger und Verwaltung im Rechtsstaat, Aufgabe des Buches

Das **Zivilrecht** regelt die Rechtsbeziehungen zwischen natürlichen oder juristischen Personen, die sich auf gleichrangiger Ebene gegenüberstehen und die Durchsetzung ihrer Rechte gegebenenfalls vor den Zivilgerichten erkämpfen müssen.

Das **öffentliche Recht** hingegen umfaßt alle Rechtsbeziehungen, bei denen hoheitliche übergeordnete Macht den untereinander gleichgestellten Bürgern gegenübertritt. Das öffentliche Recht umfaßt im wesentlichen das Verfassungsrecht und das Verwaltungsrecht.

Das **Verfassungsrecht** stellt durch das Grundgesetz die rechtliche Grundlage unseres Staatswesens dar. Es enthält unantastbare Grundrechte und Zielsetzungen, die der Staat bei der Ausübung seiner Macht beachten muß. Das Verfassungsrecht regelt auch die Rechtsbeziehungen zwischen den einzelnen Verfassungsorganen und die Gesetzgebung.

Das **Verwaltungsrecht** ist wesentlich älter als das geltende Verfassungsrecht. Das Verwaltungsrecht ist als solches alleine nicht geeignet, Rechtsstaatlichkeit zu garantieren (dies ist Aufgabe des Verfassungsrechts): Nach Ausschaltung des Weimarer Verfassungsrechts war das Verwaltungsrecht nicht in der Lage, die diktatorische Tyrannei des Hitler-Regimes schon in den Anfängen abzuwehren. Welche ungeheure Machtfülle eine unkontrollierte und gut durchorganisierte Verwaltung darstellt, konnte sich dann leider beweisen.

Die Verwaltung und das Verwaltungsrecht haben in unserem demokratischen Rechtsstaat verfassungsrechtliche und gesetzgeberische Ziele sowie eine unabhängige und selbstbewußte verwaltungsgerichtliche Kontrolle erhalten. Wenn heute unser Rechtsstaat wegen dieser unabhängigen Kontrolle von manchen als „Rechtsmittelstaat" geschmäht wird, so ist dies gerade wegen der in unserer jüngeren Vergangenheit gemachten Erfahrungen mit einer zunächst eingeschränkt, dann praktisch nicht mehr kontrollierten Verwaltungsmacht bedauerlich.

Kapitel 1   Bürger und Verwaltung im Rechtsstaat

Die Bürger, ihre Vereinigungen und gewerblichen Unternehmen werden in vielfacher Weise mit dem Handeln der Verwaltung konfrontiert: Sie begehren Verwaltungsentscheidungen, möchten unliebsame Verwaltungsentscheidungen abwehren, müssen mit der Verwaltung verhandeln oder wollen Verwaltungshandeln von unabhängigen Verwaltungsgerichten überprüft wissen. Sinn dieser Darstellung soll es daher sein, auf möglichst einleuchtende Weise die Grundlagen des Verwaltungshandelns, des Verwaltungsverfahrens und auch die Grundlagen und den Verlauf eines Verwaltungsprozesses darzustellen und zu erläutern. Bei dieser Zielsetzung muß zugunsten einer für den verwaltungsrechtlichen Laien verständlichen und einprägsamen Darstellung auf verwaltungsrechtliche Einzelheiten verzichtet werden. Die Erörterung strittiger wissenschaftlicher Fragen und auch die Darstellung der Besonderheiten einzelner spezialgesetzlich geregelter Verwaltungsverfahren würde eine Überschaubarkeit verhindern.

Zur Erhaltung unseres Rechtsstaats muß die Verwaltung mit hoheitlicher Macht ausgestattet sein. Dieses Buch soll dem Leser helfen, informiert und mit Verständnis für die verfahrensrechtlichen Hintergründe mit der Verwaltung zu sprechen und sich im Verwaltungsprozeß zurechtzufinden. In schwierigen Fällen und im Bereich von Spezialgebieten kann und will es selbstverständlich nicht den Gang zum Rechtsanwalt ersetzen; selbst dann sollte der Bürger aber vor dem Gespräch mit seinem Anwalt wenigstens die Grundzüge des Verwaltungsrechts und seiner Verfahren kennen.

Kapitel 2

Das Verwaltungsrecht und seine wesentlichen Besonderheiten

1 Allgemeines Verwaltungsrecht und Besonderes Verwaltungsrecht

Das Verwaltungsrecht gliedert sich in das Allgemeine Verwaltungsrecht und das Besondere Verwaltungsrecht. Das **Allgemeine Verwaltungsrecht** enthält Regelungen, die in allen Verwaltungsverfahren gleichermaßen zu beachten sind. Es unterscheidet nicht zwischen den einzelnen Sachgebieten der Verwaltungstätigkeit.

Das **Besondere Verwaltungsrecht** besteht aus einer Fülle von gesetzlichen Bestimmungen für die einzelnen Sachgebiete der Verwaltungstätigkeit.

So gehören die Vorschriften über Verwaltungsakte, öffentlich-rechtliche Verträge, Ermessensausübungen, Zustellungen, Fristen, Rechtsbehelfe etc. zum Allgemeinen Verwaltungsrecht. Das öffentliche Baurecht, Straßen- und Wegerecht, Immissionsschutzrecht, Beamtenrecht, Naturschutzrecht etc. sind einige der Einzelgebiete des Besonderen Verwaltungsrechts. Im Einzelfall vermischen sich Allgemeines Verwaltungsrecht und Besonderes Verwaltungsrecht: Ein ungenehmigter „Schwarzbau" kann beseitigt werden, wenn er den baurechtlichen Bestimmungen widerspricht (Besonderes Verwaltungsrecht); ob er beseitigt wird, steht im Ermessen der Behörde, das nach dem Allgemeinen Verwaltungsrecht gehandhabt wird.

Das Besondere Verwaltungsrecht ist teilweise von Bundesland zu Bundesland verschieden, teilweise bundeseinheitlich geregelt. Sofern in diesem Buch in Fallbeispielen auf das Besondere Verwaltungsrecht zurückgegriffen wird, richten sich die Rechtsaussagen nach dem Bayerischen Landesrecht. Das in diesem Buch dargestellte Verwaltungsverfahren zählt zum Allgemeinen Verwaltungsrecht und ist ebenso wie der Verwaltungsprozeß bundeseinheitlich nahezu gleich.

2 Besonderheiten des Verwaltungsrechts

2.1 Unterordnungsverhältnis, Wissensvorsprung der Behörde

Im Verwaltungsverfahren ist die Behörde dem Bürger übergeordnet.

Dadurch soll die Behörde selbst regelnd in das Gesellschaftsleben eingreifen können. Sie ist Herrin des Verwaltungsverfahrens, das der Bürger gegebenenfalls mit einem Antrag einleiten muß. Das häufige Gefühl, die Verwaltung handle „von oben", ist durchaus richtig. Die psychologische Schulung moderner Verwaltung verdrängt das Gefühl oft, indem sie den Bürger als Partner der Verwaltung ansprechen will. Da die Verwaltung für die Bürger da ist und nicht umgekehrt, ist das auch berechtigt. Der einzelne sollte sich bei seiner Begegnung mit der Verwaltung aber immer bewußt sein, daß er ihr während des Verwaltungsverfahrens untergeordnet ist.

Dieses Unterordnungsverhältnis entfällt, sobald der Betroffene durch das Verwaltungsgericht überprüfen lassen will, ob die Verwaltungsentscheidung rechtmäßig ist. Im Verwaltungsprozeß stehen sich die Verwaltung und der Bürger gleichberechtigt gegenüber. Dieser Grundsatz ist nur insoweit eingeschränkt, als es dem Verwaltungsgericht untersagt ist, in bestimmte Behördenentscheidungen (Ermessen) einzugreifen.

Neben dem rechtlichen Vorsprung durch die hoheitliche Macht hat die Verwaltung einen erheblichen Wissensvorsprung: Sie beschäftigt für jedes Gebiet, das sie sachlich und örtlich zu bearbeiten hat, Spezialisten, die bis in alle Einzelheiten mit der Materie vertraut sind und vor allem die Verfahrenshandhabung seit langem kennen. Dem steht ein Bürger gegenüber, der mit den Problemen des Verfahrens häufig erstmals zu tun hat, dem die „übliche Ermessenshandhabung" und „Richtlinien" unbekannt sind. Es ist wichtig, sich im Umgang mit der Behörde dieses Wissensvorsprungs bewußt zu sein. Falsch wäre es zu glauben, wegen dieses Vorsprungs bestehe im verwaltungsgerichtlichen Verfahren eine Unterlegenheit:

! Die Verwaltungsgerichte sind verpflichtet, den gesamten Sachverhalt von sich aus aufzuklären, um dem Bürger die Chancengleichheit zu wahren und die objektive Rechtmäßigkeit des Verwaltungshandelns kontrollieren zu können.

2.2 Ermessen, gebundene Entscheidung, Handhabung des Ermessens

2.2.1 Notwendigkeit des Ermessens

Der Gesetzgeber regelt durch Gesetze die Lebenssachverhalte in abstrakter und genereller Weise. Er ist nicht in der Lage, die einzelnen Lebenssachverhalte, die später diesen Gesetzen unterliegen werden, zu erfassen und zu erkennen. Die Verwaltung überträgt das allgemeine Gesetz auf den einzelnen Sachverhalt. Der Gesetzgeber läßt der Verwaltung daher häufig einen Spielraum, das Gesetz den tatsächlichen Verhältnissen anzupassen. In anderen Fällen macht er der Verwaltung Vorgaben, von denen sie nur im Ausnahmefall abweichen darf. Schließlich gibt es noch Fälle, in denen der Gesetzgeber nur eine einzige Entscheidung der Verwaltung als rechtmäßig ansieht. Die erste Möglichkeit läßt der Verwaltung **Ermessen**, die zweite besteht in einer **Soll-Vorschrift**; läßt der Gesetzgeber der Verwaltung nur **eine** mögliche Entscheidung, spricht man von einer **gebundenen Entscheidung**.

Eine Vorschrift kann in zwei Fragen gegliedert werden:

▷ Bezieht sich die Vorschrift auf den zur Entscheidung anstehenden Lebenssachverhalt (**Tatbestand**)?
▷ Welche Möglichkeiten und Pflichten hat der Gesetzgeber der Verwaltung für diesen Tatbestand vorgegeben (**Rechtsfolge**)?

- *Wenn ein Bauvorhaben den öffentlich-rechtlichen Bauvorschriften entspricht, muß die Baugenehmigung erteilt werden (Art. 74 Bayerische Bauordnung). Der Tatbestand ist erfüllt, wenn das Bauvorhaben den öffentlich-rechtlichen Vorschriften entspricht. Ist dies der Fall, lautet die Rechtsfolge: Die Baugenehmigung muß erteilt werden.*

2.2.2 Die gebundene Entscheidung

Eine Verwaltungsentscheidung ist „gebunden", wenn bei Vorliegen des Tatbestandes die Verwaltung eine eindeutige Rechtsfolge setzen muß; der Verwaltung ist vorgeschrieben, was, wann und wie behandelt werden muß.

- *Ist bei einem Bauvorhaben der Tatbestand „Erfüllung der öffentlich-rechtlichen Bauvorschriften" gegeben, hat die Verwaltung keinen Spielraum. Die Rechtsfolge (Erteilung der Baugenehmigung) ist gebunden vorgegeben. Die Baugenehmigung kann nicht versagt werden, weil die Verwaltung das Bauvorhaben an dieser Stelle nicht für „zweckmäßig" o. ä. hält.*

Die gebundene Entscheidung sieht somit nur **eine** Rechtsfolge als rechtmäßig an. Stellt die Behörde Zweckmäßigkeitsüberlegungen an, handelt sie rechtswidrig.

! Der Laie erkennt gebundene Vorschriften an der Formulierung im Rechtsfolgenteil: „muß", „hat zu erteilen", „hat zu versagen", „als ... wird anerkannt, wer ...".

Auf das Problem, daß in den Tatbeständen gebundener Entscheidungen manchmal unbestimmte Rechtsbegriffe enthalten sind, wird unter 2.2.5 eingegangen.

2.2.3 Die Soll-Vorschrift

Ist der gesetzliche Tatbestand erfüllt, so gibt das Gesetz eine Rechtsfolge vor, die in allen typischen Fällen von der Verwaltung auszusprechen ist. Nur in ganz außerordentlich atypischen Fällen darf die Behörde abweichen und eine andere Rechtsfolge setzen.

Die Soll-Vorschrift ist die schwächste Stufe, in der die Verwaltung ein Ermessen hat.

! Eine Soll-Vorschrift erkennt man an einer Formulierung wie „soll erteilen", „soll versagen", „in der Regel", „regelmäßig" o. ä.

Liegt der vom Gesetzgeber gemeinte typische Lebenssachverhalt vor, ist nur die im Gesetz vorgesehene Rechtsfolge rechtmäßig. Für Zweckmäßigkeitserwägungen ist kein Raum, für den typischen Lebenssachverhalt ist die Entscheidung gebunden. Erkennt die Behörde aber, daß der Tatbestand erfüllt ist und ein atypischer Fall vorliegt, so kann sie nur dann eine Rechtsfolge setzen, wenn das Gesetz eine solche alternative Rechtsfolge vorsieht. Sieht das Gesetz für Abweichungen vom typischen Lebenssachverhalt keine Rechtsfolge vor, kann die Behörde nicht handeln.

2.2.4 Die Ermessensentscheidung

Wären bei Erfüllung des Tatbestandes mehrere Rechtsfolgen rechtmäßig und kann die Behörde die ihrer Ansicht nach zweckmäßige Rechtsfolge aussuchen, hat sie Ermessen. Das Ermessen kann unterschieden werden in das Entschließungsermessen und das Auswahlermessen.

Hat die Behörde Ermessen, ob sie eine gesetzlich vorgesehene Rechtsfolge setzt oder dies unterläßt, hat sie **Entschließungsermessen**.

- *Die Polizei kann bei Gefährdung der öffentlichen Sicherheit und Ordnung (Tatbestand) einen Platzverweis an bestimmte Personen erteilen (Rechtsfolge). Ist die öffentliche Sicherheit und Ordnung gefährdet, hat die Polizei Entschließungsermessen, ob sie einen Platzverweis erteilt oder nicht.*

Von **Auswahlermessen** spricht man, wenn der Verwaltung bei Vorliegen des Tatbestandes der Entschluß überlassen ist, **welche** von mehreren gesetzlich zulässigen Maßnahmen sie ergreift.

- *Bei einer verbotenen Versammlung kann die Polizei entweder einzelnen besonders störenden Versammlungsteilnehmern Platzverweis erteilen oder die Versammlung völlig auflösen.*

Entschließungsermessen und Auswahlermessen sind häufig verbunden: Bei Vorliegen eines Tatbestandes muß die Behörde ohne Entschließungsermessen handeln, hat jedoch hinsichtlich der Handlungsform Auswahlermessen. Umgekehrt ist denkbar, daß der Behörde frei steht, ob sie tätig wird, jedoch für den Fall ihres Tätigwerdens nur eine Rechtsfolge rechtmäßig ist. Letztlich besteht die Möglichkeit, daß die Behörde beurteilen kann, ob sie tätig wird und für diesen Fall auch die Art ihres Tätigwerdens nach den Gesichtspunkten der Zweckmäßigkeit bestimmt.

- *Bei der verbotenen Versammlung entscheidet die Polizei zunächst, ob ein Einschreiten überhaupt zweckmäßig ist. Bejaht sie dies, kann sie die zweckmäßigste Tätigkeitsmöglichkeit auswählen.*

Man erkennt eine Ermessensvorschrift an Formulierungen wie z. B. „Ermessen", „kann", „ist befugt", „ist berechtigt", „darf", „hat die Behörde die Wahl", „vollständig" oder „teilweise" o. ä.

Die Verwaltung prüft die ihr möglichen Rechtsfolgen und ergreift die ihr am zweckmäßigsten erscheinende. Hierbei mag der betroffene Bürger eine andere Entscheidung als zweckmäßiger erachten. Die Verwaltung handelt jedenfalls rechtmäßig. Es ist Sinn und Aufgabe des Ermessens, daß die Verwaltung nach ihrer Ansicht zweckmäßige Maßnahmen verwirklichen kann.

2.2.5 Der unbestimmte Rechtsbegriff

Trotz der möglicherweise entstehenden Verwirrung muß noch auf eine besondere Form der Entscheidungsfindung eingegangen werden, die gebundene Entscheidung, bei der der Tatbestand einen **unbestimmten Rechtsbegriff** enthält. Wenn unter Beibehaltung der unter 2.2.1 dieses Kapitels genannten Unterscheidung in Tatbestand und Rechtsfolge der Tatbestand selbst auslegungsfähig ist, enthält er einen unbestimmten Rechtsbegriff. Die Rechtsfolge ist wie bei einer gebundenen Entscheidung definiert, fraglich ist lediglich, wann der Tatbestand erfüllt ist.

Unbestimmte Rechtsbegriffe lauten z. B. „öffentliches Interesse", „öffentliches Bedürfnis", „Sicherheit und Leichtigkeit des Verkehrs", „wichtiger Grund", „Zumutbarkeit", „Zuverlässigkeit", „geschlossene Ortslage" o. ä.

Die Auslegung unbestimmter Rechtsbegriffe obliegt der Verwaltungsbehörde. Es ist nur **eine** Auslegung eines unbestimmten Rechtsbegriffes möglich.

- *Die Versagung einer Gewerbeerlaubnis kann nach § 35 Gewerbeordnung darauf gestützt werden, daß der Gewerbetreibende „unzuverlässig" ist. Ist ein Antragsteller unzuverlässig, muß die Gewerbeerlaubnis versagt werden. Mit Sicherheit bedingen eine Reihe von Vorstrafen die Unzuverlässigkeit eines Gewerbetreibenden (zum Beispiel Vermögensdelikte, Einbehalten von Sozialabgaben). Es muß noch auf die Art der beantragten Gewerbeerlaubnis abgestellt werden: Die Unzuverlässigkeit eines Immobilienmaklers kann nicht mit einer Vorstrafe wegen einer bei einem Verkehrsunfall begangenen fahrlässigen Körperverletzung begründet werden. Es besteht kein Bezug zu der beantragten Erlaubnis.*

Bei der Auslegung unbestimmter Rechtsbegriffe haben Zweckmäßigkeitsüberlegungen keinerlei Raum, da diese nur bei Ermessen im Rechtsfolgebereich angestellt werden dürfen. Der unbestimmte Rechtsbegriff ist aber eine Frage des Tatbestands der Vorschrift.

! Die Unterscheidung ist vor allem für die verwaltungsgerichtliche Kontrolle wichtig: Die Verwaltungsgerichte überprüfen uneingeschränkt, ob ein unbestimmter Rechtsbegriff richtig von der Behörde ausgelegt wurde, während sie bei Ermessen nur eine uneingeschränkte Prüfungsmöglichkeit haben.

2.2.6 Ermessenshandhabung

Ist die Behörde ermächtigt, nach ihrem Ermessen zu handeln, hat sie ihr Ermessen entsprechend dem Zweck der Ermächtigung auszuüben und die gesetzlichen Grenzen des Ermessens einzuhalten (§ 40 VwVfG).

Das „freie Ermessen" hat mit einer behördlichen Entscheidung „nach Belieben" nichts gemeinsam. Subjektive Erwägungen des handelnden Beamten oder eine Entscheidung nach Willkür ohne sachliche Gründe sind dem Ermessen fremd. Es ist die Pflicht der Behörde, genau zu beachten, wo das Ermessen seine Grenze findet. Hat die Behörde einen Handlungsspielraum, so findet dieser Spielraum in den in jeder Richtung denkbaren Entscheidungen eine Grenze.

Es muß bei der Ermessensausübung zunächst nach dem Zweck der gesetzlichen Ermächtigung gefragt werden. Diesem würde es widersprechen, Gesichtspunkte zu berücksichtigen, die nach dem Sinn der Vorschrift sachfremd sind, andererseits sachgerechte Gesichtspunkte nicht zu berücksichtigen oder in sachfremder Weise zu gewichten.

Die in § 40 VwVfG genannten rechtlichen Grenzen des Ermessens ergeben sich teils aus dem jeweiligen das Ermessen einräumenden Gesetz, das z. B. zwei mögliche Entscheidungen nennt. Die Behörde kann hier die zweckmäßigere auswählen, nicht jedoch eine dritte im Gesetz nicht vorgesehene Möglichkeit. Dies würde die Ermessensgrenzen überschreiten.

Rechtliche Grenzen des Ermessens enthalten auch das Übermaßverbot (2.3) und der Gleichheitsgrundsatz (2.4).

2.2.7 Ermessenseinschränkung

Das Ermessen kann durch andere Normen oder die tatsächlichen Lebensumstände eingeschränkt sein. Dies gilt für Soll-Vorschriften entsprechend.

- *Nach § 35 Bundesbaugesetz „soll" eine Baugenehmigung im Außenbereich erteilt werden, wenn dem Bauvorhaben keine öffentlichen Belange entgegenstehen (dies ist allerdings meistens der Fall). Die Rechtsprechung hat entschieden, daß das Recht, im Einklang mit den öffentlich-rechtlichen Vorschriften zu bauen, ein unantastbares Eigentumsrecht ist. Diese Soll-Vorschrift ist eigentlich eine gebundene Entscheidung, da ansonsten das Eigentumsrecht verletzt wird; die Baugenehmigung muß bei Übereinstimmung mit den öffentlich-rechtlichen Vorschriften erteilt werden. Die Feststellung, ob öffentliche Belange entgegenstehen (z. B. Orts- und Landschaftsbild), ist eine Frage des Tatbestandes, also ein unbestimmter Rechtsbegriff.*

Hiervon muß der Fall der **Ermessensreduzierung** streng unterschieden werden. Häufig räumt das Gesetz der Behörde ein Ermessen ein, wobei konkrete Lebenssachverhalte denkbar sind, in denen das Ermessen „reduziert" ist.

Von mehreren allgemein rechtmäßigen Entscheidungsmöglichkeiten kann in dem besonderen Einzelfall z. B. nur eine einzige Entscheidung rechtmäßig sein, da alle anderen Entscheidungen z. B. die Rechte eines Dritten beeinträchtigen würden. Umgekehrt können es gerade die Rechte Dritter erfordern, der Behörde ein Einschreiten vorzuschreiben, obwohl ihr nach dem Gesetzeswortlaut ein Entschließungsermessen zusteht, ob sie tätig werden will.

- *Die Besucher einer Diskothek verursachen nachts um 3.00 Uhr erhebliche Lärmbelästigungen. Es befindet sich Wohnbebauung in der Nähe. Nach den gaststättenrechtlichen Vorschriften „kann" die Behörde die Sperrstunde vorverlegen. Werden die Immissionsrichtwerte so überschritten, daß die Wohnbevölkerung erheblich gestört wird, wird ein der gewerblichen Nutzung gegenüber höherrangiges Recht, nämlich das Recht der Anwohner auf Gesundheit, verletzt. Nach der Rechtsprechung muß die Behörde in einem solchen Fall die Sperrzeit zumindest so weit vorverlegen, daß ein längerer Schlaf für die Nachbarn möglich ist.*

Das Entschließungsermessen ist infolge der besonderen Situation des Einzelfalles auf eine gebundene Entscheidung reduziert. Die einzige rechtmäßige Handlungsmöglichkeit ist ein Tätigwerden der Behörde. Die Ermessensreduzierung kann sich hierbei nur auf das Entschließungsermessen, nur auf das Auswahlermessen oder aber auf beides beziehen.

- Bei der Diskotheken-Störung kann die Behörde die Uhrzeit der Sperrstunde selbst bestimmen. Das Auswahlermessen (welche Uhrzeit) findet seine Grenze, wo zwingend die Rechte der Wohnbevölkerung verletzt sind. Die Rechtsprechung nimmt dies oft ca. um 23.30 Uhr an.

Die Rechtmäßigkeit des behördlichen Handelns richtet sich auch danach, ob die Abstufung zwischen der gebundenen Entscheidung und der Ermessensentscheidung richtig gefunden wurde. Daher ist auch die Kontrolle der behördlichen Handlungen durch die Verwaltungsgerichte unterschiedlich intensiv:

! Eine gebundene Entscheidung wird in vollem Umfang überprüft, Ermessen nur beschränkt.

2.3 Geeignetheit, Erforderlichkeit und Verhältnismäßigkeit

Die Tätigkeiten der eingreifenden Verwaltung, die dem Bürger etwas abverlangt, ihm etwas verbietet, ihn einschränkt, müssen im Rechtsstaat unabhängig von den Tatbestandsvoraussetzungen in jedem Einzelfall darauf überprüft werden, ob sie

▷ erforderlich,
▷ geeignet,
▷ verhältnismäßig sind.

Diese Grundsätze werden gemeinsam als **Übermaßverbot** bezeichnet. Sie ergeben sich direkt aus dem Verfassungsrecht.

Der Grundsatz der **Geeignetheit** bedeutet, daß die Behörde unter mehreren rechtmäßigen möglichen Entscheidungen im konkreten Einzelfall nur diejenigen treffen darf, die geeignet sind, den Zweck der Vorschriften des behördlichen Handelns zu erreichen.

Der Grundsatz der **Erforderlichkeit** bedeutet, daß das behördliche Handeln als Folge möglichst wenig Nachteile mit sich bringen darf. Die beim Bürger eintretenden Nachteile müssen „erforderlich" sein („Gebot des geringst möglichen Eingriffs"). Kann die Behörde den angestrebten Zweck auch durch eine andere, weniger einschneidende Maßnahme erreichen, muß sie diese wählen.

- Ein Industrieunternehmen produziert unter Überschreitung der Lärmrichtwerte bei Nachbargrundstücken mit Wohnhäusern. Die Hauptlärmquellen sind die geöffneten Tore einer Halle. Es würde gegen das Übermaßverbot *verstoßen, wenn die Behörde eine immissionsschutzrechtliche Anordnung nach § 24 Bundesimmissionsschutzgesetz treffen würde, die Tore stets geschlossen zu halten. Der geringstmögliche Eingriff in die Rechte des Betriebes besteht in einer Anordnung, „durch geeignete Maßnahmen dafür Sorge zu tragen, daß die Lärmrichtwerte (...) an den Grundstücken der benachbarten Wohnhäuser nicht überschritten werden". Die Behörde kann den Betrieb üblicherweise auch anhalten, nach Durchführung der von ihm als geeignet angesehenen Maßnahmen durch ein Gutachten nachzuweisen, daß die Richtwerte eingehalten werden. Es bleibt also der Firma überlassen, die Produktionsabläufe im Betrieb so zu verändern, daß auch bei geöffneten Hallentoren kein Lärm mehr austritt, oder an der einzelnen lärmenden Maschine eine Schallschutzmaßnahme zu treffen oder z. B. die Halle mit einer zentralen schallgedämmten Abluftanlage zu versehen und die Tore dann geschlossen zu halten. Es ist nicht Sache der Behörde, dem Industrieunternehmen vorzuschreiben, welche dieser mehreren technisch möglichen Lösungen es zu verwirklichen hat.*

Mit dem Übermaßverbot eng verwandt ist der Grundsatz der **Verhältnismäßigkeit**, ein „übergreifender Leitsatz allen staatlichen Handelns mit Verfassungsrang" (so das Bundesverfassungsgericht). Das gewählte Mittel und der gewollte Zweck müssen in einem vernünftigen Verhältnis zueinander stehen, das gewählte Mittel darf den Betroffenen nicht in einem zu dem angestrebten Zweck in krassem Mißverhältnis stehenden Maß belasten. Eine eigentlich zulässige Maßnahme hat also dann zu unterbleiben, wenn die mit ihr verbundenen Nachteile insgesamt die Vorteile überwiegen.

- *In dem Fall des zu lauten Industriebetriebes wäre es völlig unverhältnismäßig, dem Betrieb die Benutzung der betreffenden Halle völlig zu untersagen. Hierüber könnte nur nachgedacht werden, wenn dies technisch die einzige Möglichkeit wäre, die Richtwerte einzuhalten. Aber auch dann müßte erst noch festgestellt werden, ob bei den Nachbarwohnhäusern nur geringfügige oder aber erhebliche Überschreitungen der Lärmrichtwerte vorhanden sind. Bei einer erheblichen Überschreitung kann eine Schließung der Halle verhältnismäßig sein, bei einer nur geringfügigen Überschreitung wäre es unverhältnismäßig, den Betrieb in Existenznot zu bringen.*
- *Es wäre weiterhin unverhältnismäßig, im Enteignungsrecht für den Bau eines unterirdischen Kanals ein Grundstück zu enteignen, obwohl es völlig ausreichend wäre, eine Grunddienstbarkeit als Leitungsrecht in das Grundbuch eintragen zu lassen.*

Die Grenzen zwischen der Geeignetheit, der Erforderlichkeit und der Verhältnismäßigkeit sind fließend. Wenn bei der Verhältnismäßigkeit eine Abwägung zwischen den Vorteilen behördlichen Handelns und den Nachteilen für den Belasteten vorzunehmen ist, kann z. B. die Erforderlichkeit den Stellenwert der Vorteile gegenüber den Nachteilen ganz erheblich erhöhen.

- *Im Beispiel des zu lauten Industriebetriebes sind die Belange der Nachbarn geeignet, als Vorteil des behördlichen Handelns die für den Betrieb entstehenden Nachteile hintanzusetzen. Wäre keine Wohnnutzung in der Nähe, würde das Tätigwerden der Behörde wesentlich leichter gegen den Verhältnismäßigkeitsgrundsatz verstoßen.*

2.4 Der Gleichheitsgrundsatz

Der Gleichheitsgrundsatz gehört dem Verfassungsrecht an. Nach Art. 3 Grundgesetz sind alle Menschen vor dem Gesetz (und somit auch vor der Verwaltung) gleich. Die Rechtsprechung hat für den Gleichbehandlungsgrundsatz folgende Formel gefunden:

Der Gleichheitsgrundsatz wird verletzt, wenn gleichliegende Tatbestände, die nach ihrer Art bei gerechter Würdigung eine gleichartige Behandlung erfordern, willkürlich (ohne zureichenden sachlichen Grund) ungleich behandelt werden. Der Gleichheitsgrundsatz ist auch verletzt, wenn ungleiche Tatbestände, die nach der Natur der Sache nicht gleich behandelt werden dürfen, willkürlich gleich behandelt werden.

Der Gleichheitsgrundsatz, oft als Willkürverbot bezeichnet, wird im Bereich des behördlichen Ermessens bedeutsam. Der Gleichheitsgrundsatz will nur **Willkür** ausschließen, fragt also nach einem sachlichen Grund für eine unterschiedliche Behandlung. In der Praxis zeigt sich oft, daß die Berufung auf den Gleichheitsgrundsatz schwierig sein kann, weil die Behörde durchaus sachliche Differenzierungsgründe nennen kann.

- *Greift die Polizei bei einer Straßenblockade zunächst nur eine Person heraus, um dieser einen Platzverweis zu erteilen oder sie dann gewaltsam zu entfernen, hat sie hierfür einen sachlichen Grund, wenn sie durch diese Handlungsweise die anderen Blockierer zum Verlassen der Fahrbahn bringen will.*

Oftmals tritt durch eine ständige Übung der Verwaltung, Fälle mit Ermessen immer in einer einzigen bestimmten Weise gleich zu behandeln, eine **Ermessensbindung** ein. Die Ermessensbindung kann auch durch innerbehördliche Bekanntmachungen eintreten. Diese haben regelmäßig nur Gültigkeit innerhalb der Behörde und verleihen dem Bürger keinerlei Rechte. Wenn eine Bekanntmachung aber vorsieht, daß bestimmte Lebenssachverhalte in einer entsprechenden Weise geregelt werden, so kann sich aus dem Gleichheitsgrundsatz ein Rechtsanspruch des Bürgers ergeben, hiernach behandelt zu werden, sofern nicht ein sachlicher Abweichungsgrund vorliegt.

- *Nach der Bayerischen Bauordnung ist die Baugenehmigungsbehörde berechtigt, bauliche Anlagen beseitigen zu lassen, die ohne Baugenehmigung errichtet wurden und nicht genehmigungsfähig sind. Die Behörde hat freies*

Ermessen, ob sie eine Beseitigungsanordnung erläßt. Wenn nun eine ministerielle Bekanntmachung den Behörden mitteilt, diejenigen „Schwarzbauten", die z. B. bis 1953 errichtet wurden, deshalb nicht zu beseitigen, weil die rechtliche und tatsächliche Genehmigungspraxis der damaligen Zeit heute nicht mehr bekannt ist (der unzuständige Bürgermeister erlaubte z. B. den Bau, und das zuständige Landratsamt sah tatenlos zu), liegt hierin eine wirksame Ermessensbindung, wenn das Jahr 1953 mit entsprechender sachlicher Begründung gewählt wurde. Es können sich daher alle Betroffenen, die solche Bauten vor diesem Zeitpunkt errichtet haben, darauf berufen, der Gleichheitsgrundsatz verbiete das behördliche Einschreiten. Ist das Gebäude aber nach 1953 abgerissen und wieder errichtet oder vollständig renoviert worden, besteht ein sachlicher Abweichungsgrund, eine Beseitigungsanordnung kann erlassen werden.

Innerhalb einer Ermessensbindung besteht Anspruch auf Gleichbehandlung. Die Behörden sind aber nicht gehindert, ihre Verwaltungspraxis und Ermessensbindung wegen des vorliegenden Falles zu überdenken und zu ändern. Dies verstößt nicht gegen den Gleichheitsgrundsatz, wenn die Behörde zu erkennen gibt, künftig auch alle anderen gleichliegenden Fälle entsprechend zu behandeln.

Viele Bürger berufen sich aufgrund eines Mißverständnisses auf den Gleichheitssatz, aber: Der Gleichheitssatz gibt keinem Bürger ein Recht, daß die Behörde auch in seinem Fall **rechtswidrig** handelt.

Das Bundesverwaltungsgericht hat diesen Grundsatz mit dem Schlagwort „keine Gleichheit im Unrecht" umschrieben. Ein Bezugsfall, bei dem die Behörde eindeutig rechtswidrig gehandelt hat, gibt kein Recht, wiederum rechtswidrig zu handeln. Die Behörde ist nicht verpflichtet, nochmals eine dem Gesetz widersprechende Entscheidung zu fällen, nur weil sie in einem anderen Fall gesetzeswidrig gehandelt hat.

- *In einem schönen Waldgebiet oder an einem Seeufer hat das Landratsamt im Jahre 1979 die Baugenehmigung zur Errichtung eines Wochenendhäuschens erteilt. Die Entscheidung ist eindeutig rechtswidrig, da sie § 35 des Bundesbaugesetzes widerspricht. Ein Dritter kann sich auf diese Baugenehmigung nicht berufen und von der Behörde nicht fordern, für das Nachbargrundstück eine Baugenehmigung zu erteilen.*

Der Gleichheitsgrundsatz gebietet auch nicht, gleichzeitig gegen alle vorzugehen, die rechtswidrig handeln.

3 Mögliche Formen des Verwaltungshandelns und ihre Rechtsgrundlagen

Die Verwaltung hat zur Erledigung ihrer Aufgaben mehrere Handlungsmöglichkeiten. Die meisten stehen unter dem Vorbehalt des Gesetzes, müssen also durch eine Entscheidung des Gesetzgebers gedeckt sein.

Kapitel 2 Das Verwaltungsrecht und seine wesentlichen Besonderheiten

3.1 Der Gesetzesvorbehalt

Die Eingriffe der Verwaltung in die Bereiche des Bürgers stehen unter dem „Vorbehalt des Gesetzes". Die Verwaltung muß vom Gesetzgeber für ihre eingreifende Tätigkeit eine Ermächtigung erhalten haben, damit jeder Eingriff des Staates auf eine Grundsatzentscheidung der von den Bürgern gewählten Volksvertreter zurückzuführen ist.

Bei der Überprüfung eines Verwaltungshandelns, das die Rechte einzelner beschneidet, ist somit auch zu überprüfen, ob das Handeln sich auf eine gesetzliche Grundlage stützen kann.

!₀ Meistens gibt die Behörde selbst an, auf welche gesetzliche Grundlage sie sich berufen möchte, z. B.: „Vollzug des Bundesimmissionsschutzgesetzes", „Vollzug der Baugesetze" o. ä.

In einer Reihe von Verwaltungszweigen ermächtigt der Gesetzgeber zunächst die Verwaltung, für ihr Handeln selbständig die rechtlichen Grundsätze zu schaffen, die sie dann allgemeingültig anwenden muß. Die konkrete Handlung der Verwaltung muß sich auf diese von der Verwaltung geschaffene Rechtsgrundlage stützen können. Voraussetzung für eine wirksame Rechtsgrundlage der Verwaltung ist es, daß die Verwaltung selbst hierfür vom Gesetzgeber wieder ermächtigt wurde, z. B. zum Erlaß einer Verordnung oder Satzung.

3.2 Verordnung und Satzung

Derartige von der Verwaltung geschaffene Rechtsgrundlagen sind z. B. die Verordnung oder die Satzung. Es handelt sich um Regelungen, die sich abstrakt und generell an alle Bürger gleichermaßen wenden.

Die **Verordnung** ist eine Vorschrift, die die Verwaltung erläßt, um Gesetze durchzuführen, sie ergänzen oder anwenden zu können. Das Gesetz bestimmt jeweils die Möglichkeit, derartige Verordnungen zu erlassen und bestimmt auch die hierfür zuständige Behörde.

Die **Satzung** ist ein Rechtssatz, den selbstverwaltete Körperschaften zur Regelung ihrer eigenen Angelegenheiten erlassen können. Das typische Beispiel sind die Satzungen der Gemeinden, die regeln, in welcher Form die Kommunalabgaben auf die Bürger aufgegliedert werden, wie die Bebauung der Gemeindegebiete vorzunehmen ist (Bebauungsplan) etc. Ein Teil dieser Satzungen, der für den Bürger Verbote enthält und Verstöße hiergegen als Ordnungswidrigkeiten unter Geldbuße stellt, wird oftmals auch „Verordnung" genannt. Dieser Begriff ist allerdings mit dem oben beschriebenen Verordnungsbegriff nicht gleich.

Hier läßt sich die Wirkung des Gesetzesvorbehalts gut zeigen:

Mögliche Formen des Verwaltungshandelns und ihre Rechtsgrundlagen

- *Damit eine Gemeinde von den Anliegern Erschließungsbeiträge für die erstmalige endgültige Herstellung einer Straße fordern kann, bedarf sie einer gesetzlichen Ermächtigung. Bei der Verteilung des Erschließungsaufwandes ist sie weitgehend frei, der staatliche Gesetzgeber darf der Gemeinde nicht eine bestimmte Form der Abrechnung vorschreiben, er hat ihr im Bundesbaugesetz nur allgemeine Richtlinien für derartige Verteilungen vorgegeben. Das Bundesbaugesetz enthält selbst keine Rechtsgrundlage für einen einzelnen Erschließungsbeitragsbescheid. Die Gemeinde muß daher für den Erschließungsbeitragsbescheid selbst die Ermächtigungsgrundlage schaffen und den Maßstab festsetzen, mit dem sie die Beiträge auf die Anwohner verteilen will. Dies geschieht durch die Erschließungsbeitragssatzung, zu deren Erlaß die Gemeinde durch das Bundesbaugesetz ermächtigt ist.*

- *Der Grundsatz, wonach Satzungen einen abstrakten und generellen Charakter haben, wird in wenigen Ausnahmefällen verlassen: Die Bebauungspläne der Gemeinden, mit denen konkret geregelt wird, welche Bauweise in bestimmten Gebieten für jedes Grundstück zulässig ist, wie groß die Geschoßflächen der Häuser sind etc., sind nach § 10 des Bundesbaugesetzes gemeindliche Satzungen. Tatsächlich handelt es sich aber nicht um eine abstrakt-generelle Regelung, sondern hinsichtlich derjenigen Personen, die im Gebiet des Bebauungsplanes Grundeigentum haben, um sehr konkrete und individuelle Festsetzungen.*

3.3 Verwaltungsakt und Allgemeinverfügung

Die typische Form des Verwaltungshandelns ist der **Verwaltungsakt**. Mit ihm wird hoheitlich zur Regelung eines Einzelfalles eine behördliche Maßnahme getroffen.

Ein Verwaltungsakt kann z. B. daran erkannt werden, daß in einem Schriftstück der Behörde die Überschrift „Bescheid", „Anordnung" oder „Verfügung" steht. Im Regelfall ist ein derartiges Schreiben zusätzlich mit einer Rechtsbehelfsbelehrung versehen. Aber auch unmittelbares und mündliches hoheitliches Handeln ist ein Verwaltungsakt.

- *Der Polizeibeamte erteilt einen Platzverweis, hält ein Fahrzeug an o. ä.*

Ein Verwaltungsakt, der sich an einen bestimmten oder bestimmbaren größeren Personenkreis richtet, wird **Allgemeinverfügung** genannt:

- *Wegen einer Giftgaswolke gibt die Polizei über Rundfunk und Lautsprecherwagen für die Bewohner eines Gebietes die Anweisung, ihre Häuser nicht zu verlassen und die Fenster zu schließen. Der Personenkreis, an den sich dieser Verwaltungsakt richtet, ist bestimmt und bestimmbar.*

- *Verkehrszeichen und Verkehrsampeln sind derartige Allgemeinverfügungen, da sie hoheitlich den Verkehr in jedem Einzelfall regeln und sich an diejenigen Verkehrsteilnehmer richten, die sich im jeweiligen Augenblick an der entsprechenden Straßenstelle befinden.*

Für die gerade im Verwaltungsverfahren und Verwaltungsprozeß wichtigen Einzelheiten des Verwaltungsaktes in der Allgemeinverfügung wird auf Kapitel 3, 2. verwiesen.

3.4 Der öffentlich-rechtliche Vertrag

Die Behörde kann an Stelle eines Verwaltungsaktes auch verwaltungsrechtliche Rechtsverhältnisse durch Vertrag begründen, ändern oder aufheben. Hier gibt es vor allem Vergleichs- und Austauschverträge. Auf die Einzelheiten wird im Kapitel 3 unter 3. eingegangen.

3.5 Die fiskalische Tätigkeit

Die fiskalischen Handlungen der Verwaltung sind nicht hoheitlich. Der Staat und die Verwaltung werden wie eine Privatperson tätig.

- *Besteht Streit über den Verlauf einer Grenze zwischen Grundstücken, von denen eines im Besitz eines Bürgers, das andere im Eigentum des Staates steht, kann der Staat nicht hoheitlich tätig werden, sondern muß sich wie jeder andere Grundstückseigentümer der Grenzfeststellung unterziehen.*

- *Beamte stehen in einem hoheitlichen Verhältnis zu ihrem Dienstherrn, Angestellte der öffentlichen Verwaltung arbeiten aufgrund von arbeitsrechtlichen Verträgen. Diese Anstellungsverträge zählen zum fiskalischen Bereich. Streitigkeiten hieraus gehören vor die Arbeitsgerichte, nicht vor die Verwaltungsgerichte.*

3.6 Weitere Handlungsformen

Einige Verwaltungshandlungen lassen sich in die beschriebenen Grundformen nicht einordnen. Dies sind z. B. Regierungsakte, die leitende Funktion haben. Ihre Rechtsnatur ist nicht endgültig geklärt, sie spielen in der täglichen Praxis des Bürgers eine untergeordnete Rolle.

Auch Gnadenakte („Begnadigungen" von Straftätern) sind nach der Rechtsprechung des Bundesverwaltungsgerichts keine hoheitlichen Handlungen, sondern die Tätigkeit des Ministerpräsidenten eines Landes als Verfassungsorgan. Rechtlich ähnlich umstritten sind Organisationsakte wie z. B. die Errichtung oder Auflösung von Behörden oder die Veränderung ihrer Amtsbezirke.

Kapitel 3
Das Verwaltungsverfahren

Das Verwaltungsverfahren ist vom Gesetzgeber erst vor kurzem geregelt worden: Am 1. 1. 1977 trat das Verwaltungsverfahrensgesetz (VwVfG) des Bundes in Kraft. Es regelt die öffentlich-rechtliche Verwaltungstätigkeit der Behörden des Bundes. Die Länder haben zwischenzeitlich selbst Verwaltungsverfahrensgesetze für ihre Behörden erlassen, die sich weitgehend mit dem Verwaltungsverfahrensgesetz des Bundes decken. Wenn in dieser Darstellung auf das Verwaltungsverfahrensgesetz Bezug genommen wird, sind die Vorschriften des Verwaltungsverfahrensgesetzes des Bundes gemeint. Vor Inkrafttreten des VwVfG gehörte das Verwaltungsverfahren zu den Allgemeinen Grundsätzen des Verwaltungsrechts, die überliefert und von der Rechtsprechung geprägt worden waren. Obwohl das Verwaltungsverfahrensgesetz lediglich die Grundsätze des Allgemeinen Verwaltungsrechts in Gesetzesform gefaßt hat, ist durch das Verwaltungsverfahrensgesetz eine wesentlich größere Rechtssicherheit für den Bürger eingetreten.

1 Die Verfahrensgrundsätze

Die §§ 9 bis 30 VwVfG enthalten allgemeine Verfahrensgrundsätze für Verwaltungsverfahren, die immer dann gelten, wenn nicht ein besonderes Gesetz auch besondere Verfahrensvorschriften enthält (z. B. das Atomgesetz für das atomrechtliche Genehmigungsverfahren zum Betrieb eines Kernkraftwerkes).

1.1 Allgemeines

Im Verwaltungsverfahren (und im Verwaltungsprozeß) wird zwischen Zulässigkeit und Begründetheit unterschieden. Dies gilt für Anträge von Bürgern auf Verwaltungstätigkeiten und bei Verwaltungstätigkeiten, die die Behörde von sich aus („von Amts wegen") vornimmt.
Die Zulässigkeit bedeutet, daß alle für eine Entscheidung der Behörde erforderlichen verfahrensrechtlichen Voraussetzungen (z. B. Zuständigkeit) erfüllt sind. Die Begründetheit des Antrags oder der Behörden-

Kapitel 3   Das Verwaltungsverfahren

handlung bedeutet, daß tatsächlich und rechtlich alle Voraussetzungen erfüllt sind, von denen das Recht die Entscheidung abhängig macht.
Die Behörde muß in jedem Verfahrensstand prüfen, ob die Voraussetzungen der Zulässigkeit und Begründetheit vorliegen.

- *Eine Baugenehmigung wird nur auf Antrag erteilt. Liegt ein Bauantrag der Behörde vollständig vor, ist das Baugenehmigungsverfahren zulässig. Der Bauantrag ist begründet, wenn dem Bauvorhaben keine öffentlich-rechtlichen Vorschriften entgegenstehen. Die Behörde muß die Baugenehmigung dann erteilen. Kurz vor Erteilung der Baugenehmigung stellt die Behörde fest, daß der Bauantrag zwar begründet ist, jedoch der Antragsteller erklärt hat, er wolle das Bauvorhaben nicht weiter verfolgen. Diese Antragsrücknahme würde die Erteilung einer Baugenehmigung unzulässig machen.*

1.2   Der Begriff des Verwaltungsverfahrens

Verwaltungsverfahren ist die nach außen wirkende Tätigkeit der Behörden, die auf die Prüfung der Voraussetzungen, die Vorbereitung und den Erlaß eines Verwaltungsaktes oder auf den Abschluß eines öffentlich-rechtlichen Vertrages gerichtet ist. Das Verwaltungsverfahren schließt den Erlaß des Verwaltungsaktes oder den Abschluß des öffentlich-rechtlichen Vertrages ein (§ 9 VwVfG).

Die Tätigkeit der Behörde muß im Verwaltungsverfahren „nach außen wirken". Rein verwaltungsinterne Tätigkeiten fallen nicht unter den Begriff des Verwaltungsverfahrens. Die Rechte oder Interessen des Bürgers müssen berührt sein, um überhaupt eine Außenwirkung annehmen zu können. Diese Rechte sind sicher nicht berührt, wenn das öffentliche Recht dem Bürger keinen Schutz im Verfahren geben will, sondern ihn ein behördliches Handeln nur als „Reflex" trifft.

- *Die Finanzverwaltung eines Bundeslandes beschließt, entgegen den Vorjahren keine neuen Dienstwagen anzuschaffen. Bislang war jedes Jahr eine Reihe von Dienstwagen zweier Automobilhersteller bezogen worden. Dieser Entscheidung fehlt jede Außenwirkung. Es werden zwar die wirtschaftlichen Interessen der Automobilhersteller betroffen, jedoch gibt es keine Norm, die ihnen einen Rechtsanspruch auf Verkauf neuer Dienstwagen an die Verwaltung geben würde. Die Automobilhersteller werden von der Verwaltungsentscheidung wirtschaftlich „reflexmäßig" betroffen, es fehlt aber jede öffentlich-rechtliche Außenwirkung.*

Die Tätigkeit der Behörde muß auf die Prüfung der Voraussetzungen, die Vorbereitung und den Erlaß eines Verwaltungsaktes oder auf den Abschluß eines öffentlich-rechtlichen Vertrages gerichtet sein.

Die Verfahrensgrundsätze

- *Der Ingenieur einer Immissionsschutzbehörde wird tätig, nachdem ein Anwohner eine Beschwerde gegen einen Gewerbebetrieb vorgebracht hat. In dieser Beschwerde ist gleichzeitig ein Antrag auf Einleitung immissionsschutzrechtlicher Maßnahmen zu sehen. Wenn der Ingenieur nun bei dem Gewerbebetrieb Messungen vornimmt, bereitet er einen Verwaltungsakt vor, der entweder eine immissionsschutzrechtliche Anordnung gegenüber dem Gewerbebetrieb (wenn dieser zu laut ist) oder aber eine Ablehnung des Antrags (falls der Gewerbebetrieb nicht zu laut ist) beinhaltet. Die Messung gehört also zu einem Verwaltungsverfahren im Sinne des § 9 VwVfG.*

Ein Verwaltungsverfahren muß nicht mit einem Verwaltungsakt oder einem öffentlich-rechtlichen Vertrag enden: Ein Antragsteller kann in einem antragsbedürftigen Verfahren seinen Antrag zurücknehmen, das Verfahren muß dann wegen Unzulässigkeit eingestellt werden.

Weiter kann sich die Hauptsache des Verwaltungsverfahrens **erledigen**. Dies geschieht z. B., wenn bei einem Verfahren, das die Behörde von Amts wegen ohne Antrag eingeleitet hat, der Grund für das Verfahren wegfällt oder sich herausstellt, daß ein solcher Grund von Anfang an nicht bestanden hat.

Die **Antragsrücknahme** ist immer zulässig, solange der beantragte Verwaltungsakt noch nicht erlassen wurde. Nachdem ein Verwaltungsakt regelmäßig erst einen Monat nach seiner Bekanntgabe unanfechtbar wird, also in seinem Inhalt feststeht (vgl. 2.8), fragt sich, ob auch nach Bekanntgabe des Verwaltungsakts die Antragsrücknahme noch möglich ist. Dies ist strittig, aber von Bedeutung, wenn die ergangene Entscheidung für den Antragsteller Nachteile bringt. Die Antragsrücknahme muß bis zum Ablauf der Widerspruchsfrist möglich sein, da bis zu diesem Zeitpunkt die Wirkungen der Bestandskraft des Verwaltungsaktes noch nicht eingetreten sind.

! Sollte ein beantragter Verwaltungsakt aus Gründen abgelehnt werden, die der Antragsteller derzeit nicht für anfechtbar hält, so hat er die Möglichkeit, noch innerhalb eines Monats ab Bekanntgabe der Ablehnung seinen Antrag zurückzunehmen, um diesen dann problemlos später wieder stellen zu können.

- *Wird eine Baugenehmigung mit der Begründung versagt, das Vorhaben füge sich nicht in die Eigenart der näheren Umgebung gemäß § 34 Bundesbaugesetz ein, und ist der Antragsteller der Auffassung, hiergegen aus wirtschaftlichen oder anderen Gründen kein Rechtsmittel einlegen zu wollen, so sollte er den Bauantrag zurücknehmen, um diesen gegebenenfalls jederzeit wieder stellen zu können.*

! Wird nicht der ursprüngliche Antrag zurückgenommen, sondern lediglich kein Rechtsmittel eingelegt, wird der Verwaltungsakt bestandskräftig und legt bindend fest, daß die Ablehnung rechtmäßig ist. Ein neuer Antrag gleichen Inhalts wäre so lange unzulässig, wie sich nicht die Sach- und Rechtslage zugunsten des Antragstellers ändert (vgl. 2.16, 7.9 und Kapitel 4, 5.5).

1.3 Die Nichtförmlichkeit des Verwaltungsverfahrens

Das Verwaltungsverfahren ist an bestimmte Formen nicht gebunden, sofern keine besonderen Rechtsvorschriften für die Form des Verfahrens bestehen. Es ist einfach und zweckmäßig durchzuführen (§ 10 VwVfG).

Die Behörde hat grundsätzlich das Ermessen, das Verfahren so zu gestalten, wie sie es für zweckmäßig hält. Sie muß es allerdings möglichst einfach und zweckmäßig gestalten und rasch durchführen. Vor allem durch die Nichtförmlichkeit unterscheidet sich das Verwaltungsverfahren vom Verwaltungsprozeß. Gerichtsverfahren sind stets nach strengen Formvorschriften geordnet.

Die Formfreiheit des Verwaltungsverfahrens ist keine Ermächtigung zu willkürlicher Verfahrensgestaltung durch die Behörde. Auch das Ermessen über die Verfahrensgestaltung muß sich am Übermaßverbot orientieren. Der Behörde ist allerdings nicht verboten, Verfahrensteile förmlich zu gestalten, sofern es ihr zweckmäßig erscheint. Sie kann daher Beweiserhebungen durchführen, mündliche Verhandlungen und Erörterungstermine abhalten etc.

Das Verwaltungsverfahren ist nur formfrei, wenn keine besonderen Rechtsvorschriften für die Verfahrensform bestehen. Das Verwaltungsverfahrensgesetz enthält selbst in den §§ 63 bis 78 besondere Formvorschriften über das förmliche Verwaltungsverfahren und das Planfeststellungsverfahren. Ferner finden sich viele förmliche Verfahrensregelungen in Vorschriften des Besonderen Verwaltungsrechts (Planfeststellung nach dem Bundesfernstraßengesetz, atomrechtliche Genehmigung nach dem Atomgesetz, Enteignungsverfahren etc.).

Verstößt die Behörde gegen den Grundsatz der raschen Verfahrensabwicklung, wird dadurch der erlassene Verwaltungsakt nicht rechtswidrig. Schadenersatzansprüche wegen verzögerter Sachbehandlung ergeben sich nur, wenn den Beamten Verschulden trifft. Schadenersatzansprüche bestehen also nicht bereits, wenn ein zweckmäßigerer und schnellerer Weg des Verfahrens möglich gewesen wäre und die Behörde den schwierigeren und langwierigeren Weg gewählt hat. Nur wenn ohne sachlichen Grund das Verfahren **willkürlich** verzögert wird oder die Beteiligten mit überflüssigen Kosten belastet werden, wird das Verhalten der Behörde rechtswidrig. Trifft den Beamten hieran ein Verschulden, hat der Bürger Schadenersatzansprüche.

1.4 Beteiligungsfähigkeit, Handlungsfähigkeit und Beteiligung

Beteiligungsfähig sind im Verwaltungsverfahren
▷ natürliche und juristische Personen,
▷ Vereinigungen, soweit ihnen ein Recht zustehen kann,
▷ Behörden (§ 11 VwVfG).

Die Beteiligungsfähigkeit meint die Fähigkeit, an einem Verfahren vor der Behörde überhaupt teilnehmen zu können. Neben natürlichen und juristischen Personen sind die Vereinigungen beteiligungsfähig, denen ein Recht zustehen kann. Dies sind die Vereinigungen, die im eigenen Namen klagen oder verklagt werden können, darüber hinaus die nichtrechtsfähigen Vereinigungen, denen das im Verwaltungsverfahren berührte Recht zustehen kann.

- *Der nichtrechtsfähige Verein bezüglich einer Gaststättenkonzession.*
- *Der Kreisverband einer Partei hinsichtlich der Benutzung kommunaler Räume für eine Veranstaltung.*
- *Der Personalrat einer Behörde hinsichtlich seiner Wahl.*

Für die Beteiligungsfähigkeit ist nicht Voraussetzung, daß das entsprechende Recht tatsächlich zusteht, vielmehr genügt die abstrakte Möglichkeit, ein derartiges Recht könne berührt oder verletzt sein.

Fähig zur Vornahme von Verfahrenshandlungen sind
▷ natürliche Personen, die nach Bürgerlichem Recht geschäftsfähig sind,
▷ natürliche Personen, die nach Bürgerlichem Recht in der Geschäftsfähigkeit beschränkt sind, soweit sie für den Gegenstand des Verfahrens durch Vorschriften des Bürgerlichen Rechts als geschäftsfähig oder durch Vorschriften des Öffentlichen Rechts als handlungsfähig anerkannt sind,
▷ juristische Personen und Vereinigungen durch ihre gesetzlichen Vertreter oder besonders Beauftragte,
▷ Behörden durch ihre Leiter, deren Vertreter und Beauftragte (§ 12 VwVfG).

Die Handlungsfähigkeit meint die Fähigkeit einer beteiligungsfähigen Person oder Vereinigung, in dem Verwaltungsverfahren eigene Handlungen vornehmen zu können (z. B. Antragstellung).

Beschränkt Geschäftsfähige sind nur insoweit handlungsfähig, als sie nach Bürgerlichem oder Öffentlichem Recht für den Verfahrensgegenstand als geschäftsfähig angesehen werden.

Kapitel 3 Das Verwaltungsverfahren

- *Der Minderjährige kann einen Antrag auf Erteilung einer vorzeitigen Fahrerlaubnis gemäß § 7 StVZO stellen.*
- *Ein nicht voll geschäftsfähiger Wehrpflichtiger ist z. B. in Wehrdienstangelegenheiten handlungsfähig.*

Ausländer sind auch dann als verfahrenshandlungsfähig anzusehen, wenn sie zwar nach deutschem Recht nicht voll geschäftsfähig wären, jedoch nach ihrem Heimatrecht als voll geschäftsfähig anzusehen sind.

Fehlt die Handlungsfähigkeit, muß die Behörde einen Antrag als unzulässig ablehnen oder bei Verfahren, die von Amts wegen betrieben werden, das Verfahren einstellen oder für die Bestellung eines handlungsfähigen Vertreters sorgen (vgl. 1.5).

Beteiligte sind
▷ **Antragsteller und Antragsgegner,**
▷ **diejenigen, an die die Behörde den Verwaltungsakt richten will oder gerichtet hat,**
▷ **diejenigen, mit denen die Behörde einen öffentlich-rechtlichen Vertrag schließen will oder geschlossen hat,**
▷ **diejenigen, die von der Behörde zu dem Verfahren hinzugezogen worden sind (§ 13 VwVfG).**

Zunächst ist der **Antragsteller** Beteiligter. Seine Beteiligtenstellung beginnt mit dem Eingang des Antrags bei der Behörde.

Antragsgegner ist derjenige, in dessen Rechte die Behörde auf Antrag des Antragstellers eingreifen soll oder dessen Rechte sie begünstigen soll. Antragsgegner gibt es daher nur in Verfahren, deren Abschluß mehrere Rechte berührt (Verwaltungsakt mit Doppelwirkung, vgl. 2.3).

- *Der Bewohner eines Hauses fühlt sich durch eine gewerbliche Nutzung in der Wohnruhe erheblich gestört. Er stellt bei der zuständigen Behörde einen Antrag auf immissionsschutzrechtliche Maßnahmen. Er ist Antragsteller, der Betreiber der gewerblichen Nutzung Antragsgegner.*

Beteiligt ist der **Adressat** eines Verwaltungsaktes, also derjenige, an den die Behörde den Verwaltungsakt richtet. Von besonderer Bedeutung ist die **Hinzuziehung** Dritter zum Verfahren. Sie entspricht der „Beiladung" im Verwaltungsprozeß und gibt einem vom Verfahren Betroffenen eine Beteiligtenstellung im Verfahren.

Die Behörde kann von Amts wegen oder auf Antrag diejenigen, deren rechtliche Interessen durch den Ausgang des Verfahrens berührt werden können, als Beteiligte hinzuziehen (einfache Hinzuziehung). Hat der Ausgang des Verfahrens rechtsgestaltende Wirkung für einen Dritten,

Die Verfahrensgrundsätze

so muß dieser von der Verfahrenseinleitung benachrichtigt und auf Antrag als Beteiligter zu dem Verfahren hinzugezogen werden (notwendige Hinzuziehung, § 13 Abs. 2 VwVfG).

Bei der **notwendigen Hinzuziehung** hat die Behörde keinen Ermessensspielraum, ob sie die Hinzuziehung vornimmt oder nicht. In diesem Fall hat der Ausgang des Verfahrens eine unmittelbare Wirkung für den Hinzuzuziehenden. Die notwendige Hinzuziehung muß von Amts wegen vorgenommen werden, ob ein Antrag gestellt wird oder nicht.

Im Fall der **einfachen Hinzuziehung** steht es im Ermessen der Behörde, einen Dritten, dessen Interessen berührt sein können, zum Verfahren hinzuzuziehen.

Die Hinzuziehung zum Verwaltungsverfahren bewirkt, daß der Ausgang des Verfahrens auch gegenüber dem Hinzugezogenen bindend ist. Diese Bindungswirkung ist unabhängig davon, ob der Hinzugezogene tatsächlich am Verfahren teilnimmt.

! Wird man durch Hinzuziehung an einem Verwaltungsverfahren beteiligt, sollte man an diesem auch teilnehmen, um die eigene Rechtsposition intensiv im Verwaltungsverfahren vertreten zu können.

Erläßt die Behörde eine einfache Hinzuziehung, ist dies ohne Folgen. Unterbleibt hingegen eine notwendige Hinzuziehung, ist der Verwaltungsakt rechtswidrig, manchmal sogar nichtig.

Von den Beteiligten müssen sogenannte Anhörungsberechtigte unterschieden werden. Anhörungsberechtigt sind z. B. Behörden, Vereinigungen, Sachverständige etc., die in ihren eigenen Rechten durch das Verwaltungsverfahren nicht berührt werden.

1.5 Bevollmächtigte, Beistände und Vertreter in Massenverfahren

Die §§ 14 bis 19 VwVfG enthalten allgemeine Vorschriften über die Vertretung im Verwaltungsverfahren. Sie regeln die Wirksamkeit der Handlungen von Bevollmächtigten, die Bestellung von Bevollmächtigten und Vertretern sowie die Möglichkeiten eines gemeinsamen Vertreters in Massenverfahren.

Der von einem Verfahrensbeteiligten Bevollmächtigte nimmt im Namen des Beteiligten Verfahrenshandlungen vor. Der von einem Beteiligten zugezogene Beistand wird neben dem Beteiligten und zu seiner Unterstützung tätig. Im Verwaltungsverfahren besteht kein Vertretungszwang, jeder Beteiligte kann selbst handeln.

Kapitel 3 Das Verwaltungsverfahren

Nach § 14 Abs. 1 VwVfG kann ein **Bevollmächtigter** (z. B. ein Rechtsanwalt) den Beteiligten im Verwaltungsverfahren vertreten, Erklärungen abgeben, Anträge stellen oder zurücknehmen, Vergleiche abschließen etc. Seine Erklärungen wirken für und gegen den Vertretenden, der allerdings nicht gehindert ist, selbst Verfahrenshandlungen vorzunehmen. Auf Verlangen der Behörde ist eine Vollmachtsurkunde vorzulegen.

Die Behörde soll sich an den Bevollmächtigten wenden, es sei denn, besondere Gründe sprechen dagegen (Nichterreichbarkeit des Bevollmächtigten). Ist der Beteiligte selbst zu einer Mitwirkung am Verwaltungsverfahren verpflichtet, so kann sich die Behörde an den Beteiligten wenden, wovon der Bevollmächtigte verständigt werden soll.

Nach § 14 Abs. 3 VwVfG bleiben die Vorschriften über die Zustellungen von Verwaltungsakten unberührt: Die Zustellungsvorschriften des Bundes und der Länder enthalten besondere Vorschriften. So ist z. B. nach § 8 Abs. 1 Satz 2 des Bundesverwaltungszustellungsgesetzes die Zustellung an den Bevollmächtigten zwingend vorgeschrieben, wenn der Behörde eine schriftliche Vollmacht vorgelegt wurde. Ähnliches gilt für die Landeszustellungsgesetze. Diese Vorschrift soll sicherstellen, daß Rechtsmittelfristen ordnungsgemäß überwacht werden. Der Bürger verläßt sich bei der Bevollmächtigung (z. B. eines Rechtsanwalts) darauf, daß dieser für ihn Rechtsmittelfristen wahrnehmen wird, was jedoch nur dann gesichert ist, wenn die Zustellung unmittelbar an den Bevollmächtigten vorgenommen wird (vgl. zur Zustellung 2.8).

Der **Beistand** hat keine Vertretungsbefugnis, er unterstützt den Beteiligten nur. Er hat die Möglichkeit zu mündlichen und schriftlichen Ausführungen, nicht aber zur Antragstellung, die der Beteiligte selbst vornehmen muß.

Als Vertreter oder Beistand kommt jede verfahrenshandlungsfähige Person in Betracht (vgl. 1.4), sofern nicht besondere Ausschlußgründe vorliegen. Juristischen Personen oder Personenmehrheiten (nichtrechtsfähige Vereine, Gewerkschaften, Verbände) kann eine Vollmacht nicht erteilt werden. Eine entsprechende Vollmacht würde umgedeutet zugunsten des jeweiligen gesetzlichen Vertreters der bevollmächtigten juristischen Person oder Personenmehrheit.

Nach § 14 Abs. 5 VwVfG müssen Bevollmächtigte oder Beistände zurückgewiesen werden, die geschäftsmäßig gegen Entgelt als Bevollmächtigte oder Beistände tätig werden wollen, ohne nach dem Rechtsberatungsgesetz hierzu eine behördliche Erlaubnis zu besitzen.

- *Ein Architekt stellt für einen Bauherrn einen Bauantrag. Dies ist nach dem Rechtsberatungsgesetz zulässig, denn die Durchführung des Baugenehmigungsverfahrens zählt zu den üblichen geschäftsmäßigen Angelegenheiten des Architekten. Sobald der Architekt aber z. B. eine immissionsschutzrechtliche Beschwerde für einen Kunden einreicht, besorgt er eine fremde*

Rechtsangelegenheit, ohne daß dies mit seiner Berufsausübung in unmittelbarem Zusammenhang stehen würde. Er muß hierbei nicht nur mit wettbewerbsrechtlichen Abmahnungen und teuren Unterlassungsklagen von Rechtsanwälten oder deren Vereinigungen rechnen, auch die Behörde muß ihn als Bevollmächtigten zurückweisen.

Sämtliche nach der Zurückweisung von einem Zurückgewiesenen vorgenommenen Verfahrenshandlungen sind gemäß § 14 Abs. 7 VwVfG unwirksam.

Die Behörde kann nach § 14 Abs. 6 VwVfG auch Bevollmächtigte und Beistände zurückweisen, die nicht in der Lage sind, ordnungsgemäßen Sachvortrag vorzubringen. Dies ist nur anzunehmen, wenn der Bevollmächtigte nicht in der Lage ist, sich klar und ohne besondere Weitschweifigkeiten auszudrücken, oder wenn er nicht die Fähigkeit hat, den Sachverhalt und die rechtliche Bedeutung seiner Erklärungen und Handlungen zu erfassen. Die Zurückweisung ist allerdings nicht erlaubt, wenn es sich um einen nach dem Rechtsberatungsgesetz zugelassenen Berater handelt.

Nach § 15 kann einem Verfahrensbeteiligten ohne Aufenthalt und Wohnsitz im Inland die Bestellung eines Empfangsbevollmächtigten aufgegeben werden. Die Behörde muß ihn auffordern, innerhalb einer angemessenen Frist einen Empfangsbevollmächtigten im Inland zu benennen. Gleichzeitig muß sie ihn darauf hinweisen, daß ansonsten ein an ihn gerichtetes Schriftstück am siebenten Tag nach der Aufgabe zur Post als zugegangen gilt, sofern sich nicht aus anderen Umständen sicher ergibt, daß das Schriftstück den Empfänger nicht oder zu einem späteren Zeitpunkt erreicht hat. Die Behörde kann aber auch einem solchen Beteiligten einen Vertreter von Amts wegen bestellen. Die Bestellung eines Vertreters von Amts wegen ist möglich, wenn die Person eines Beteiligten unbekannt ist, ihr Aufenthalt unbekannt ist, sie an der Besorgung der eigenen Angelegenheiten verhindert ist oder infolge körperlicher oder geistiger Gebrechen im Verwaltungsverfahren nicht tätig werden kann (z. B. Verfahrenshandlungsunfähigkeit) und in ähnlichen Fällen.

In diesen Fällen ersucht die Behörde das Vormundschaftsgericht, einen geeigneten Vertreter zu bestellen.

Der vom Vormundschaftsgericht bestellte Vertreter hat gegen die Behörde den Anspruch, eine angemessene Vergütung und seine baren Auslagen erstattet zu bekommen. Die Behörde kann diese bei dem vertretenen Beteiligten wiederum anfordern.

In sogenannten Massenverfahren mit mehr als 50 Beteiligten gelten für die Vertretung Sondervorschriften nach den §§ 17 bis 19 VwVfG.

Bei gleichförmigen Eingaben von mehr als 50 Personen kann ein gemeinsamer Vertreter benannt werden. Gleichförmige Eingaben liegen vor, wenn Unterschriftslisten unterzeichnet sind oder vervielfältigte gleichlautende Texte einge-

Kapitel 3 Das Verwaltungsverfahren

reicht werden. Hierbei gilt derjenige Unterzeichner als Vertreter der übrigen, der mit seinem Namen, seinem Beruf und seiner Anschrift als Vertreter bezeichnet ist. Dies kann nur eine natürliche Person sein.

Es besteht ein indirekter Zwang zur Benennung eines solchen Vertreters, da gemäß § 17 Abs. 2 VwVfG die Behörde gleichförmige Eingaben von mehr als 50 Personen unberücksichtigt lassen kann, wenn die Angaben zum Vertreter nicht deutlich sichtbar auf jeder mit einer Unterschrift versehenen Seite enthalten sind. In diesen Fällen muß die Behörde ihre Absicht, die Eingaben unberücksichtigt zu lassen, ortsüblich bekanntmachen (vgl. 2.8). Auch Unterzeichner mit unleserlichen oder fehlenden Namensangaben können unberücksichtigt bleiben.

Die Vertretung gleichförmiger Eingaben erlischt, wenn der Vertreter oder der Vertretene dies der Behörde erklärt. Der Vertreter kann die Niederlegung nur bezüglich aller Vertretenen erklären. Der einzelne Vertretene, der dem Vertreter die Vertretungsmacht entzieht, soll der Behörde zugleich mitteilen, ob er die Eingabe aufrechterhält und ob er einen Bevollmächtigten bestellt hat.

Endet die Vertretungsmacht eines Vertreters, so kann die Behörde alle nicht mehr Vertretenen auffordern, innerhalb einer angemessenen Frist erneut einen gemeinsamen Vertreter zu bestellen. Diese Aufforderung kann ortsüblich bekanntgemacht werden, wenn mehr als 300 Personen aufzufordern sind. Wird der Aufforderung nicht entsprochen, kann die Behörde einen gemeinsamen Vertreter von Amts wegen bestellen.

Nach § 18 Abs. 1 VwVfG kann von der Behörde ein gemeinsamer Vertreter gefordert werden, wenn es sich nicht um gleichförmige Eingaben, aber um mehr als 50 Personen gleichen Interesses handelt. Eine „Beteiligung" im gleichen Interesse gemäß § 18 Abs. 1 VwVfG liegt vor, wenn die Beteiligten am Ergehen oder Nichtergehen des im Verfahren behandelten Verwaltungsaktes oder an seiner Abänderung durch Auflagen, Bedingungen etc. das gleiche Interesse haben. Nicht erforderlich ist, daß sie alle im selben Umfang interessiert sind, sie dürfen lediglich keine gegenteiligen Interessen haben.

- *Für den Bau einer Bundesautobahn ist ein Planfeststellungsverfahren nach dem Bundesfernstraßengesetz für jeden Bauabschnitt durchzuführen. Die Anlieger dieses Bauabschnittes können gleiche Interessen im Sinne des § 18 VwVfG haben.*

Die Behörde kann die Bestellung eines gemeinsamen Vertreters nur fordern, wenn ansonsten die ordnungsgemäße Durchführung des Verwaltungsverfahrens beeinträchtigt ist. Hier ist ein strenger Maßstab anzuwenden, so daß der Durchführung ohne gemeinsamen Vertreter wesentliche und nicht vermeidbare Beeinträchtigungen entgegenstehen müssen, die auch nicht durch organisatorische Vorkehrungen ausgeräumt werden können. Grundsätzlich soll das Recht des Bürgers, seine Rechte selbst wahrzunehmen, nicht beschränkt werden.

Die Verfahrensgrundsätze

Der Vertreter bei gleichförmigen Eingaben oder gleichem Interesse von mehr als 50 Verfahrensbeteiligten muß die Interessen der Vertretenen sorgfältig wahrnehmen. Er kann alle Verfahrenshandlungen vornehmen und ist an Weisungen der Vertretenen nicht gebunden. Gegen diese Regelung des § 19 VwVfG wurden erhebliche Bedenken wegen der „Entmündigung" des Beteiligten geäußert. Die Bedenken sind wohl unberechtigt, da sich jeder Beteiligte nach § 14 VwVfG durch einen ihm geeignet erscheinenden Bevollmächtigten vertreten lassen kann, der auch innerhalb des Vollmachtsverhältnisses weisungsgebunden ist. Hat er einen solchen Bevollmächtigten bestellt, kann er das gleichförmige Vertretungsverhältnis durch entsprechende Erklärung nach § 14 Abs. 3 oder § 18 Abs. 2 VwVfG aufheben.

1.6 Vom Verwaltungsverfahren ausgeschlossene Personen, Besorgnis der Befangenheit

Nach § 20 Abs. 1 VwVfG darf wegen gesetzlich vermuteter Befangenheit für eine Behörde nicht tätig werden, wer

▷ Beteiligter ist,
▷ Angehöriger eines Beteiligten ist,
▷ gesetzlicher oder bevollmächtigter Vertreter eines Beteiligten ist,
▷ Angehöriger des Vertreters eines Beteiligten ist,
▷ bei einem Beteiligten entgeltlich beschäftigt ist oder bei ihm Vorstandsmitglied, Aufsichtsratsmitglied oder Mitglied eines gleichartigen Organs ist, es sei denn, seine Anstellungskörperschaft ist selbst Verfahrensbeteiligte,
▷ außerhalb seiner amtlichen Eigenschaften im Verwaltungsverfahren ein Gutachten abgegeben hat oder sonst außerhalb der amtlichen Eigenschaft tätig geworden ist.

Auch ein Befangener darf unaufschiebbare Maßnahmen treffen.

> • *Der Immissionsschutzbeamte eines Landratsamts erfährt nach Dienstschluß, daß aus einer Düngemittelfabrik, die dem Mann seiner Schwester gehört, eine Giftgaswolke entwichen ist. Bei einem Telefonanruf innerhalb der Behörde stellt er fest, daß alle vertretungsberechtigten Behördenmitglieder die Behörde verlassen haben und auf dem Heimweg sind. Hier ist Gefahr im Verzug, der Beamte ist berechtigt, Polizei und Katastrophenschutz zu informieren, Anordnungen über die Information, den Schutz und die Evakuierung von Bevölkerungskreisen zu treffen und auch der Firma sofort eine weitere Produktion zu untersagen. Er muß dafür sorgen, daß nichtbefangene vertretungsberechtigte Behördenmitglieder eilig informiert werden und die Sachbehandlung übernehmen. Seine Maßnahmen sind aber wirksam.*

Ein Behördenmitglied kann auch ohne Vorliegen der gesetzlichen Befangenheitsgründe für befangen gehalten werden oder befangen sein. Liegt ein Mißtrauensgrund gegen eine unparteiische Amtsführung vor oder wird er nur behauptet, so muß der Behördenangehörige den Behördenleiter oder den von ihm Beauftragten unterrichten, der eine dienstliche Erklärung einholt und überprüft, ob Befangenheit vorliegt. In diesem Fall ordnet er an, daß sich das Behördenmitglied der Mitwirkung zu enthalten hat. Handelt es sich um den Behördenleiter, hat sich dieser entweder selbst der Mitwirkung zu enthalten oder eine Anordnung der Aufsichtsbehörde einzuholen. Ein Behördenmitglied darf auch dann nicht tätig werden, wenn es selbst oder eine der genannten Personen durch die Tätigkeit oder die Entscheidung des Verwaltungsverfahrens einen unmittelbaren Vorteil oder Nachteil erlangen könnte, es sei denn, es handelt sich nur um einen Gruppenvorteil oder -nachteil.

- *Ein Behördenangehöriger, der Grundstückseigentümer ist, ist nicht daran gehindert, in einem Verwaltungsverfahren mitzuwirken, das den Grundeigentümern als Gruppe Vor- und Nachteile bringen kann. Er ist jedoch unmittelbar betroffen, wenn es sich um ein Verwaltungsverfahren handelt, von dem in einem örtlich eingeschränkten Kreis auch sein Grundstück mit betroffen ist.*

1.7 Der Beginn des Verwaltungsverfahrens

Die Behörde entscheidet nach pflichtgemäßem Ermessen, ob und wann sie ein Verwaltungsverfahren durchführt. Das gilt nicht, wenn sie aufgrund von Rechtsvorschriften von Amts wegen oder auf Antrag tätig werden muß oder nur auf Antrag tätig werden darf und ein Antrag nicht vorliegt (§ 22 VwVfG).

Die Behörde hat grundsätzliches Entschließungsermessen über die Durchführung des Verfahrens. Dieser Grundsatz wird **Offizialprinzip** genannt.

In der Praxis überwiegen allerdings die Antragsverfahren, also die Verfahren, die von Amts wegen nach pflichtgemäßem Ermessen eingeleitet werden. Häufig ist eine Vermischung beider Möglichkeiten: Die Behörde kann nach pflichtgemäßem Ermessen von Amts wegen ein Verfahren einleiten, im Falle des Antrags eines Betroffenen muß sie das Verfahren einleiten. Das ist immer dann der Fall, wenn eine Vorschrift nicht nur dem öffentlichen Interesse allgemein, sondern auch dem Rechtsschutz eines betroffenen Bürgers dient. Dient eine Vorschrift nur dem öffentlichen Interesse, hat die Behörde Entschließungsermessen. Dient die Vorschrift nur den Interessen betroffener Bürger, muß die Behörde auf Antrag tätig werden. Die oben erwähnte Kombination liegt vor, wenn eine Vorschrift zum einen den öffentlichen Interessen, zum anderen auch den Interessen eines Bürgers dient.

- *Es liegt im pflichtgemäßen Ermessen der Polizeibehörde, ob und wann sie gegen eine ungenehmigte Versammlung vorgeht.*

- *Es liegt im pflichtgemäßen Ermessen der Baugenehmigungsbehörde, ob sie gegen einen bauordnungswidrigen Zustand einschreitet. Gefährdet dieser Zustand aber einen Nachbarn, so schützt die Vorschrift auch den Nachbarn vor einer Gefährdung seines Eigentums. Auf seinen Antrag hin muß die Behörde tätig werden.*

Muß die Behörde auf einen Antrag hin tätig werden, leitet der Antrag das Verwaltungsverfahren unmittelbar ein. Der Antrag bestimmt den Verfahrensgegenstand und das Verfahrensziel (z. B. den Erlaß eines Verwaltungsaktes). Wird der Verwaltungsakt zurückgenommen, wird das Verwaltungsverfahren unzulässig, es sei denn, die Behörde könnte das gleiche Verfahren auch von Amts wegen einleiten, so daß sie es auch bei Antragsrücknahme weiter betreiben kann.

Für das nichtförmliche Verwaltungsverfahren bestehen keine Formvorschriften zur Antragstellung. Häufig enthalten aber Spezialvorschriften des Besonderen Verwaltungsrechts Formvorschriften für Antragstellungen (z. B. im Baurecht Bauvorlagenverordnungen o. ä.). Hierauf sollte die Behörde hinweisen.

Formlos können Anträge schriftlich, telegraphisch, fernschriftlich, zur Niederschrift der Behörde, mündlich, telefonisch oder sogar auch durch stillschweigendes Verhalten gestellt werden. Das Gesetz schreibt für einen formlosen Antrag keinen Mindestinhalt oder eine Begründung vor. Es genügt daher, die Angaben zu machen, die der Behörde ein Tätigwerden ermöglichen.

Der Antragsteller muß **antragsbefugt** sein. Das ist derjenige, der die Durchsetzung oder Wahrung eigener Rechte behaupten kann. Seine Betroffenheit muß als **möglich** erscheinen. Ob sie dann wirklich vorliegt, ist keine Frage der Zulässigkeit des Antrags, sondern der Begründetheit, die der einzelnen Rechtsvorschrift zu entnehmen ist. Anträge zur Wahrung der Interessen anderer Mitbürger oder der Allgemeinheit sind unzulässig und allenfalls Anregungen.

- *Das Schreiben eines Bürgers an die Baubehörde, ein einsturzgefährdetes, von ihm 5 km entferntes Gebäude, stelle eine Gefährdung dar, ist lediglich eine Anregung. Der Bürger ist wegen der großen Entfernung nicht antragsbefugt.*

Anträge können bis zum Eintritt einer unanfechtbaren Entscheidung zurückgenommen werden (vgl. 1.2.3); entsprechend können sie auch geändert werden. Die Behörde darf nur noch über den geänderten Antrag entscheiden (es sei denn, sie dürfte ein Verfahren nach dem bisherigen Antrag auch von Amts wegen führen oder ein anderer Beteiligter hat einen Antrag gestellt, der nicht geändert wurde).

1.8 Deutsch als Amtssprache
Die Amtssprache ist Deutsch (§ 23 Abs. 1 VwVfG).

§ 23 VwVfG erklärt nicht nur Deutsch zur Amtssprache auch im Verkehr mit Ausländern, sondern regelt auch, wie bei fremdsprachigen Eingaben und Anträgen zu verfahren ist (Vorlage von Übersetzungen etc.). Die Behörde ist vor allem auch verpflichtet wegen des rechtsstaatlichen Grundsatzes des rechtlichen Gehörs bei mündlichen Besprechungen mit Ausländern gegebenenfalls einen Dolmetscher hinzuzuziehen.

1.9 Der Untersuchungsgrundsatz im Verwaltungsverfahren
Die Behörde ermittelt den Sachverhalt von Amts wegen, wobei sie Art und Umfang ihrer Ermittlungen selbst bestimmt. Sie ist an das Vorbringen und die Beweisanträge der Beteiligten nicht gebunden (§ 24 Abs. 1 VwVfG).

Die Verwaltung kann nur objektiv entscheiden, wenn sie nicht an die Behauptungen und den Sachvortrag der Beteiligten gebunden ist, sondern sich ein eigenes Bild vom Sachverhalt machen kann. Der **Untersuchungsgrundsatz** ist durch Sondervorschriften des Besonderen Verwaltungsrechts manchmal eingeschränkt, wenn dort besondere Vorlage- und Nachweispflichten vorgesehen sind.

- *Im Rahmen eines Bauantrags oder Antrags auf immissionsschutzrechtliche Genehmigung müssen z. B. statische Nachweise oder immissionsschutzrechtliche Gutachten über die Umwelteinwirkungen vorgelegt werden.*

Die Behörde muß alle für den Einzelfall bedeutsamen, auch die für die Beteiligten günstigen Umstände berücksichtigen (§ 24 Abs. 2 VwVfG). Es bleibt dem pflichtgemäßen Ermessen der Behörde überlassen, welche Mittel sie zur Erforschung des Sachverhalts anwendet, sofern diese Mittel rechtsstaatlich sind.

Ist die Klärung eines streitigen Sachverhalts mit unverhältnismäßigen Schwierigkeiten oder einem nicht zu vertretenen Zeitverlust verbunden, so kann man der Behörde kein fehlerhaftes Ermessen vorwerfen, wenn sie auf diese Klärung verzichtet und im Rahmen der Ermessensentscheidung die sich bietenden Entscheidungsalternativen, deren Voraussetzungen nicht völlig geklärt werden konnten, gegeneinander abwägt. Allerdings darf sie keine Ermittlungen unterlassen, weil sie glaubt, das Ergebnis ihrer Ermittlungen werde ohnehin ihre bisherige Überzeugung nicht ändern (Vorwegnahme einer Beweiswürdigung).

Sind weitere behördliche Ermittlungen notwendig, muß die Behörde diese anstellen. Unterläßt sie es, so hat das Verwaltungsverfahren einen erheblichen

Mangel, der auch Schadenersatzansprüche aus dem Gesichtspunkt der Amtshaftung auslösen kann.

Wenn § 24 VwVfG der Behörde aufgibt, den gesamten Sachverhalt selbst zu ermitteln, so scheint es eine **Beweislast** nicht zu geben. Es sind dennoch Fälle denkbar, in denen trotz aller Bemühungen der Behörde eine bestimmte Sachfrage nicht aufgeklärt werden kann. Dann geht die Unerweislichkeit einer Tatsache grundsätzlich zu Lasten desjenigen Beteiligten, der aus dieser Tatsache eine ihm günstige Rechtsfolge herleiten will (allgemeiner Grundsatz).

- *Beantragt eine Firma eine immissionsschutzrechtliche Genehmigung für eine genehmigungspflichtige Anlage und bringt sie keinerlei Nachweise über die Umwelteinwirkungen bei, so muß die Behörde wegen der besonderen Mitwirkungspflicht der antragstellenden Firma die Genehmigung nicht erteilen. Sofern bei der Behörde allerdings eigene Erkenntnisse vorliegen, die die Genehmigunsfähigkeit der Anlage beweisen, muß die Behörde diese Erkenntnisse in das Verfahren einbringen.*
- *Wenn dem Inhaber einer Gewerbeerlaubnis die Gewerbeführung gemäß § 35 Gewerbeordnung wegen Unzuverlässigkeit untersagt werden soll, muß die Behörde diese Unzuverlässigkeit beweisen. Gelingt es ihr nicht, kann sie nur einen Verdacht äußern o. ä., darf sie die Gewerbeuntersagung nicht aussprechen.*

Nach § 24 Abs. 3 VwVfG muß die Behörde sämtliche Erklärungen und Anträge ohne Rücksicht auf deren Zulässigkeit oder Begründetheit zunächst entgegennehmen. Das gilt auch, wenn sie den Antrag in der Sache für unzulässig oder unbegründet hält. Oftmals muß eine eingegangene Erklärung auch zunächst gedeutet werden, ob sie Anträge beinhaltet oder ob sie lediglich Anregungen machen möchte, eine Beschwerde darstellt o. ä. Bei ausschließlich querulatorischen Eingaben oder Erklärungen in ungebührlichem bzw. beleidigendem Ton muß die Behörde die Erklärung entgegennehmen, darf sie aber unerledigt lassen. Hier sind besonders enge Maßstäbe anzulegen.

1.10 Beratung und Auskunft

Die Behörde trifft gegenüber den Beteiligten eine Fürsorge- und Betreuungspflicht.

Die Behörde soll die Abgabe von Erklärungen, die Stellung von Anträgen oder die Berichtigung von Erklärungen oder Anträgen anregen, wenn diese offensichtlich nur versehentlich oder aus Unkenntnis unterblieben oder unrichtig abgegeben oder gestellt worden sind. Sie erteilt, soweit erforderlich, Auskünfte über die dem Beteiligten im Verwaltungsverfahren zustehenden Rechte und die ihm obliegenden Pflichten (§ 25 VwVfG).

Kapitel 3 Das Verwaltungsverfahren

Die Rechtswahrnehmung soll nicht an der Unkenntnis oder Unbeholfenheit eines Bürgers scheitern. Gerade gegenüber Rechtsunkundigen ist die Hinweispflicht besonders intensiv. Bei Hinweisen und Beratungen hat die Behörde aber immer ihre Unparteilichkeit zu wahren, darf also nicht einseitige Ratschläge oder Hinweise geben.

1.11 Die Beweismittel des Verwaltungsverfahrens

Die Behörde kann sich aller Beweismittel bedienen, die nach allgemeiner Erfahrung, wissenschaftlicher Erkenntnis und den Grundsätzen der Logik geeignet sein können, den Sachverhalt festzustellen.

▷ Die Behörde kann **Auskünfte** bei anderen Behörden oder Beteiligten einholen, sofern nicht besondere Vorschriften (z. B. Steuergeheimnis) Auskünfte verbieten. Auch Privatpersonen können um Auskünfte ersucht werden, die allerdings nur erzwungen werden können, wenn besondere Rechtsvorschriften eine Auskunftspflicht vorsehen.

▷ die **Anhörung** von Beteiligten ist ein wichtiges Beweismittel, da die Beteiligten normalerweise über die Sachlage gut informiert sind. Die Beteiligten haben keine Verpflichtung zur schriftlichen Äußerung oder zum persönlichen Erscheinen auf Aufforderung der Behörde, es sei denn, besondere Rechtsvorschriften sehen eine solche Verpflichtung vor.

Eine **falsche Aussage** vor einer Behörde ist nur dann strafbar, wenn dies gesetzlich besonders vorgesehen ist oder wenn die falsche Aussage in rein strafrechtlicher Hinsicht mit Strafbarkeit bedroht ist (z. B. wegen Beleidigung oder Betrug).

- *Die falsche Angabe von Vermögensverhältnissen im Rahmen der Gewährung von Sozialhilfe ist nach § 116 Bundessozialhilfegesetz strafbar. Selbstverständlich macht sich auch strafbar, wer der Behörde falsche Angaben über die Sachverhaltsumstände macht, um von der Behörde auf deren Kosten einen Vermögensvorteil zu erhalten, da dies ein Betrug im Sinne des § 163 Strafgesetzbuch unabhängig von den Vorschriften des Verwaltungsverfahrensrechts ist.*

Für Zeugen besteht im nichtförmlichen Verwaltungsverfahren keine Verpflichtung zum Erscheinen, es sei denn, dies ergibt sich aus besonderen Rechtsvorschriften (z. B. für das förmliche Verwaltungsverfahren).

- *Ein Beamter oder Angestellter des öffentlichen Dienstes bedarf einer Aussagegenehmigung seiner Behörde. Wird diese verweigert, kann der Verfahrensbeteiligte, der hierdurch einen Nachteil erleidet, die Versagung der Aussagegenehmigung selbst mit Widerspruch und Klage anfechten.*

Die Verfahrensgrundsätze

! Verfahrensbeteiligte lassen sich für den Zweck des Verwaltungsverfahrens häufig Privatgutachten anfertigen. Dies sind keine Sachverständigengutachten und können von der Behörde für die Entscheidung nur herangezogen werden, wenn auch nach Auffassung der Behörde keine Zweifel an der Richtigkeit der Feststellung bestehen. Die Behörde kann bei eigener Unkenntnis der Richtigkeit der Ergebnisse des Privatgutachtens auch einen behördlichen Sachverständigen beauftragen und mit dessen Einverständnis das Privatgutachten als richtig feststellen.

- *Einem Antrag auf immissionsschutzrechtliche Genehmigung einer genehmigungspflichtigen Anlage liegt ein privates Sachverständigengutachten über die Umwelteinwirkungen bei.*

  Überprüft die Behörde die Unterlagen und stellt die Richtigkeit des Gutachtens fest, bedarf es keines weiteren Gutachtens. Widersprechen jedoch andere Beteiligte dem Inhalt des Gutachtens und weisen es zurück oder bestehen aus eigener Kenntnis der Behörde erhebliche Zweifel an der Richtigkeit der Äußerung, kann die Behörde ein Sachverständigengutachten einholen.

Liegt ein Sachverständigengutachten vor, sind Obergutachten nicht erforderlich. Diese kommen nur in Frage, wenn durch andere Beteiligte oder eigene Überlegungen der Behörde oder durch Vorlage widersprechender Gutachten ernsthafte Zweifel an den Aussagen des behördlichen Sachverständigengutachtens bestehen.

Die Behörde kann auch Urkunden und Akten beiziehen und auswerten. Urkunde ist jede schriftlich niedergelegte Äußerung einer Person, die einen gedanklichen Inhalt vermittelt. Sie muß nicht unterschrieben sein, es kann sich auch um einen Aktenvermerk handeln.

Im Rahmen der Mitwirkungspflicht müssen Urkunden im Besitz der Beteiligten von diesen vorgelegt werden. Die Vorlage kann nicht erzwungen werden, jedoch im Rahmen der Beweiswürdigung kann die Weigerung der Vorlage berücksichtigt werden. Die Behörde kann auch selber in **Augenschein** nehmen, also Personen, Gegenstände oder Vorgänge unmittelbar beobachten (auch riechen oder hören).

Nach § 26 Abs. 2 VwVfG **sollen** die Beteiligten bei der Ermittlung des Sachverhalts mitwirken und Tatsachen und Beweismittel angeben. Es besteht also eine **Mitwirkungspflicht** der Beteiligten, die von der Behörde zwar nicht erzwungen, aber bei ihrer Weigerung negativ berücksichtigt werden kann.

- *Im Verwaltungsverfahren für die Führerscheinerteilung verlangt die Behörde von einem 65jährigen Bewerber die Durchführung eines Testes zum Nachweis, daß er geistig und körperlich in der Lage ist, ein Kraftfahrzeug*

Kapitel 3 Das Verwaltungsverfahren

im Verkehr sicher zu führen. Der Bewerber verweigert diesen Test. Er kann zum Test nicht gezwungen werden, hat jedoch wohl keinen Anspruch auf die Fahrerlaubnis.

Ein besonderes Beweismittel ist die Abnahme einer **eidesstattlichen Versicherung** gemäß § 27 VwVfG. Sie ist nur zulässig, wenn besondere Rechtsvorschriften die Möglichkeit vorsehen. Selbst dann darf die eidesstattliche Versicherung nur abgenommen werden, wenn andere Mittel zur Erforschung der Wahrheit nicht vorhanden sind, zu keinem Ergebnis geführt haben oder einen unverhältnismäßigen Aufwand erfordern.

1.12 Die Anhörung des Beteiligten im Verwaltungsverfahren

Der Anspruch des Beteiligten auf Anhörung („**rechtliches Gehör**") ist das wohl wichtigste Recht des Bürgers im Verwaltungsverfahren. Es ist Folge des Rechtsstaatsprinzips und gehört dem Verfassungsrecht an.

Das Recht auf Anhörung besteht immer dann, wenn durch eine Entscheidung ein Beteiligter in seinen Rechten (negativ) betroffen werden kann (§ 28 Abs. 1 VwVfG).

Das rechtliche Gehör ist von der Einvernahme des Beteiligten zu Beweiszwecken zu unterscheiden. Die Anhörung beinhaltet die Gelegenheit zur Äußerung. Die Behörde kann hierzu eine angemessene Frist setzen. Sie muß dem Beteiligten die entscheidungserheblichen Tatsachen und bisherigen Beweisergebnisse mitteilen, damit das rechtliche Gehör wirksam wahrgenommen werden kann.

Der Beteiligte muß aber von seinem Anhörungsrecht keinen Gebrauch machen.

Die Behörde ist nicht verpflichtet, die vorgebrachten Tatsachen mit dem Beteiligten zu erörtern. Sie muß allerdings ihre Betreuungs- und Fürsorgepflicht wahrnehmen und die Beteiligten zur Abgabe von Erklärungen oder Anträgen anregen, wenn diese aus Unkenntnis oder versehentlich unterblieben sind (vgl. 1.10).

Für die Durchführung der Anhörung ist keine Form vorgeschrieben, sie kann mündlich oder schriftlich erfolgen, wenn nicht besondere Gesetze Formvorschriften enthalten.

Die **Anhörung** eines Beteiligten kann ausnahmsweise **unterbleiben,** wenn sie nach den Umständen des Einzelfalles nicht geboten ist, insbesondere wenn

▷ eine sofortige Entscheidung wegen Gefahr im Verzug oder im öffentlichen Interesse notwendig erscheint,

▷ durch die Anhörung die Einhaltung einer für die Entscheidung maßgeblichen Frist in Frage gestellt würde,
▷ von den tatsächlichen Angaben eines Beteiligten, die dieser in einem Antrag oder einer Erklärung gemacht hat, nicht zu seinen Ungunsten abgewichen werden soll,
▷ die Behörde einer Allgemeinverfügung oder gleichartige Verwaltungsakte in größerer Zahl oder Verwaltungsakte mit Hilfe automatischer Einrichtungen erlassen will,
▷ Maßnahmen in der Verwaltungsvollstreckung getroffen werden sollen,
▷ der Anhörung ein zwingendes Interesse entgegensteht.

Weitere Gründe für das Unterbleiben einer Anhörung können auch im Interesse des Betroffenen selbst oder im Interesse eines Dritten liegen (z. B. Selbstmordgefahr wegen Wahnvorstellungen, erhebliche Gefährdung der psychischen Gesundheit eines Betroffenen).

Nach dem Grundsatz der Verhältnismäßigkeit muß eine Anhörung nachgeholt werden, wenn sie wegen Eilbedürftigkeit unterblieben und die Regelung nicht schon abgeschlossen und vollzogen ist.

Ein besonderes öffentliches Interesse kann auch entgegenstehen, wenn ansonsten der Zweck der Verwaltungshandlung vereitelt würde (Beschlagnahme von Beweismaterial). Auch die Art der Verwaltungsentscheidung kann eine vorherige Anhörung ausschließen.

- *Die Verkehrsregelung durch Verkehrspolizisten oder Ampeln stellt nach herrschender Meinung einen Verwaltungsakt dar. Es erscheint absurd, irgendwelche Anhörungen durchzuführen.*

Die Behörde kann sich auf besondere Eilbedürftigkeit wegen drohender Fristversäumnis nicht berufen, wenn sie selbst wertvollen Handlungszeitraum ungenützt hat verstreichen lassen, um später wegen Eilbedürftigkeit eine Anhörung auszuschließen.

- *Eine Grundstücksteilung im Außenbereich bedarf gemäß § 19 Bundesbaugesetz der Teilungsgenehmigung. Diese wird beantragt, von der Behörde aber zunächst nicht entschieden. Die Genehmigung gilt als erteilt, wenn sie nicht innerhalb von zwei Monaten versagt wird. Die Behörde kann diese Frist um einen Monat verlängern. Unmittelbar vor Ablauf der zwei Monate verlängert die Behörde die Frist um einen Monat wegen besonderer Arbeitsbelastung. Einen Tag vor Ablauf der weiteren Monatsfrist wird der Antrag abgelehnt; die Behörde stützt die Entscheidung auf Tatsachen, die dem Antragsteller offensichtlich unbekannt waren und zu denen er nicht gehört wurde. Die Anhörung war unterblieben, weil die besondere Eilbedürftigkeit von der Behörde wegen drohender Fristversäumnis angenommen wurde. Das ist eindeutig rechtswidrig, da keine Eilbedürftigkeit vor-*

lag. Die Behörde hätte innerhalb von drei Monaten die Anhörung durchführen müssen. Arbeitsüberlastung rechtfertigt die Kürzung von verfassungsrechtlich gebotenen Anhörungsrechten eines Beteiligten nicht!

Gegen die Möglichkeit, in Massenverfahren mit Hilfe automatischer Einrichtungen auf die Anhörung zu verzichten, bestehen erhebliche Bedenken. Nur die (zufällige) Einbeziehung in automatisierte Massenverfahren kann nicht Anhörungsrechte beschneiden. Auch im Rahmen der Datenverarbeitung müssen Formen gefunden werden, mit denen eine effektive Anhörung Betroffener möglich ist. Die Rechtsprechung hierzu bleibt abzuwarten.

Ein „zwingendes öffentliches Interesse" daran, daß die Anhörung unterbleibt, ist äußerst selten anzunehmen (die Sicherheit der Bundesrepublik Deutschland ist gefährdet o. ä.).

1.13 Das Recht des Beteiligten auf Akteneinsicht und Geheimhaltung

Die Behörde hat den Beteiligten Einsicht in die das Verfahren betreffenden Akten zu gestatten, soweit deren Kenntnis zur Geltendmachung oder Verteidigung ihrer rechtlichen Interessen erforderlich ist (§ 29 Abs. 1 VwVfG).

Die Behörde hat über das grundsätzliche Akteneinsichtsrecht kein Ermessen. Dem Einsichtsrecht unterliegen nur die Akten des konkreten Verwaltungsverfahrens, nicht aber die Akten gleichzeitig laufender Parallelfälle oder abgeschlossener Musterverfahren.

Die **Erforderlichkeit** der Akteneinsicht zur Rechtsverteidigung ist im Zweifel zu bejahen. Vom Akteneinsichtsrecht ausgeschlossen sind nur solche Akten, die unter keinen denkbaren Gesichtspunkten für die Entscheidung von Bedeutung sein können.

Die Akteneinsicht steht nur dem Beteiligten, im Falle des Vertreters nur dem Vertreter zu.

Entscheidungsentwürfe und Arbeiten zur unmittelbaren Vorbereitung der Entscheidung gehören nicht zu den Akten für die Einsichtnahme.

Die Behörde ist zur Gestattung der Akteneinsicht nicht verpflichtet, soweit

▷ durch die Akteneinsicht die ordnungsgemäße Erfüllung der behördlichen Aufgaben beeinträchtigt würde,

▷ das Bekanntwerden des Akteninhalts dem Wohl des Bundes oder eines Landes Nachteile bereiten würde,

▷ die Vorgänge nach einem Gesetz oder ihrem Wesen nach namentlich wegen der berechtigten Interessen der Beteiligten oder Dritter geheimgehalten werden müssen.

Die ordnungsgemäße Erfüllung der Behördenaufgaben wird selten beeinträchtigt sein. Die Vorschrift dient dem Schutz der Funktionsfähigkeit der Behörde und dem Erfolg des Verfahrens. Das kann nur bejaht werden, wenn das Verfahren seinen Zweck ausschließlich dann erreichen kann, wenn der Zweck des Verfahrens den Betroffenen zunächst verborgen bleibt. Die Funktionsfähigkeit der Behörde ist nicht gefährdet, wenn es lediglich Umstände oder außergewöhnliche Arbeit bedeutet, Akteneinsicht zu gewähren. Die Begrenzung der Akteneinsicht auf bestimmte übliche Dienstzeiten ist zulässig.

Das Wohl des Bundes oder eines Landes ist nicht schon dadurch gefährdet, daß ein bestimmtes Verwaltungsverfahren nicht positiv zu Ende geführt werden könnte. Es muß (wohl selten) eine Beeinträchtigung oder Gefährdung der äußeren oder inneren Sicherheit des Bundes oder eines Landes anzunehmen sein.

Von erheblicher Bedeutung ist die Möglichkeit, Akteneinsicht wegen der **Geheimhaltung** der Akten zu verweigern. Die Geheimhaltung kann nicht nur wegen staatlicher, sondern auch wegen Privatinteressen notwendig sein. So muß die Behörde Angaben über den Gesundheitszustand von Personen, über familiäre Verhältnisse, Betriebs- und Geschäftsgeheimnisse, Einkommens- und Vermögensverhältnisse geheimhalten. Eine Akteneinsicht für andere Beteiligte ist nur dann möglich, wenn der Betroffene der Akteneinsicht zustimmt.

Die Geheimhaltungspflicht ist in § 30 VwVfG besonders hervorgehoben:

Die Beteiligten haben Anspruch darauf, daß ihre Geheimnisse, insbesondere die zum persönlichen Lebensbereich gehörenden Geheimnisse sowie die Betriebs- und Geschäftsgeheimnisse, von der Behörde nicht unbefugt offenbart werden.

Das gilt auch dann, wenn der Vorgang bereits in der Öffentlichkeit oder in der Presse erörtert wird. Ohne Ermächtigung durch den Betroffenen muß die Behörde die Tatsache als geheim behandeln. Von der Geheimhaltungspflicht werden nicht nur die Beteiligten geschützt, sondern alle Personen, die in irgendeinem Verfahren Beteiligte waren oder sind.

2 Der Verwaltungsakt

Die häufigste Handlungsform der Verwaltung ist der Verwaltungsakt. Mit ihm werden die allgemeinen Vorschriften des Verwaltungsrechts auf den jeweiligen Einzelfall angewandt.

2.1 Definition des Verwaltungsaktes

Verwaltungsakt wird jede Verfügung, Entscheidung oder andere hoheitliche Maßnahme genannt, die eine Behörde zur Regelung eines Einzel-

falles auf dem Gebiet des öffentlichen Rechts trifft und die auf unmittelbare Rechtswirkung nach außen gerichtet ist (§ 35 VwVfG).

Alle Merkmale dieser Begriffsbestimmung müssen erfüllt sein, um einen Verwaltungsakt annehmen zu können. Schriftliche Verwaltungsakte bezeichnen sich normalerweise als:

▷ Bescheid,
▷ Anordnung,
▷ Verfügung,
▷ Genehmigung,
▷ Erlaubnis o. ä.

Für die Begriffsdefinition ist nicht eine derartige Überschrift, sondern der Inhalt der behördlichen Maßnahme entscheidend. Es muß sich um eine einseitige, für die Beteiligten unmittelbar verbindliche Regelung handeln, die die Verwaltung mit hoheitlicher Gewalt trifft.

Der Verwaltungsakt kann auch mündlich ergehen (z. B. im Polizeirecht) oder durch Handzeichen (Verkehrspolizist) oder sogar stillschweigend, wenn er logische Voraussetzung für ein Handeln der Behörde ist.

- *Ein Betrieb erhält von der Immissionsschutzbehörde ein Schreiben, das als Betreff „Vollzug des Bundesimmissionsschutzgesetzes" enthält und als Überschrift das Wort „Anordnung" hat. Die Behörde erklärt, daß dem Betrieb untersagt werde, zwischen 22.00 Uhr und 7.00 Uhr Lkw zu be- und entladen (Nachtladeverbot). Es handelt sich um einen schriftlichen Verwaltungsakt.*

- *Ein Bürger beantragt für seine alte hilfsbedürftige Tante die Gewährung von Sozialhilfe. Die Behörde zahlt an die Tante Sozialhilfe aus. Die Auszahlung selbst ist kein Verwaltungsakt, sondern lediglich der Vollzug. Der Verwaltungsakt ist die Entscheidung der Behörde, daß der Tante Sozialhilfe zusteht und ist hier stillschweigend ergangen.*

Ein stillschweigender Verwaltungsakt ist auch die Untätigkeit einer Behörde, wenn sie zur Ablehnung eines Antrags innerhalb eines bestimmten Zeitraums hätte tätig werden müssen.

- *Eine Teilungsgenehmigung für ein Außenbereichsgrundstück gemäß § 19 Bundesbaugesetz gilt als erteilt, wenn innerhalb von zwei Monaten nach Antragstellung die Genehmigung nicht versagt wurde. Die Behörde läßt die Zwei-Monats-Frist völlig untätig verstreichen, wodurch die Bodenverkehrsgenehmigung als erteilt gilt.*

Der Verwaltungsakt regelt einen **Einzelfall**. Er unterscheidet sich von Verordnungen und Satzungen, die allgemeingültige Natur haben. Die Einzelfall-Regelung kann auch gegenüber einer bestimmten oder bestimmbaren Zahl von Beteiligten erfolgen.

Es muß sich um eine öffentlich-rechtliche Regelung handeln. Fiskalische Tätigkeiten, wie der Kauf von Schreibmaterial oder die Anschaffung von Dienstfahrzeugen, gehören nicht hierher.

Die behördliche Maßnahme muß auf unmittelbare **Außenwirkung** gerichtet sein.

- *Für eine Baugenehmigung in einem Gebiet, für das kein Bebauungsplan besteht, benötigt die Baugenehmigungsbehörde die Einverständniserklärung der Gemeinde nach § 36 Bundesbaugesetz. Nur wenn dieses Einvernehmen vorliegt, prüft die Baugenehmigungsbehörde, ob der Bauantrag im übrigen begründet ist. Wird das Einvernehmen verweigert, darf die Baugenehmigungsbehörde die Genehmigung nicht erteilen. Die Gemeinde hat allerdings kein Ermessen bei ihrer Beurteilung.*

Die Erteilung oder Verweigerung des gemeindlichen Einvernehmens ist ein baugenehmigungs-verfahrensinterner Vorgang, er hat keine Außenwirkung. Erst die Erteilung oder Versagung der Baugenehmigung durch die Genehmigungsbehörde ist der nach außen wirksame Verwaltungsakt.

2.2 Die Allgemeinverfügung

Allgemeinverfügung wird ein Verwaltungsakt genannt, der sich an einen nach allgemeinen Merkmalen bestimmten oder bestimmbaren Personenkreis richtet oder die öffentlich-rechtliche Eigenschaft einer Sache oder ihre Benutzung durch die Allgemeinheit betrifft (§ 35 Satz 2 VwVfG).

Die Allgemeinverfügung regelt eine Vielzahl von Einzelfällen. Die bekanntesten Formen sind Verkehrszeichen oder die Verkehrsampel.

- *Die Polizei löst eine unangemeldete Versammlung auf. Über Lautsprecher werden alle anwesenden Personen angehalten, den Straßenkörper zu räumen und sich zu entfernen. Es handelt sich um eine Allgemeinverfügung (Platzverweis) an alle Versammlungsteilnehmer. Der Einsatz von Wasserwerfern oder das Wegtragen von Sitzstreikenden ist kein Verwaltungsakt mehr, sondern nur der Vollzug des Platzverweises durch unmittelbaren Zwang.*

2.3 Der Verwaltungsakt mit Doppelwirkung

Viele Verwaltungsakte beziehen sich zwar auf einen Einzelfall, die Regelung hat aber gegenüber verschiedenen Beteiligten unterschiedliche Wirkungen.

Die Entscheidung, die einen Beteiligten begünstigt, kann einen anderen Beteiligten belasten (Verwaltungsakt mit Doppelwirkung).

Kapitel 3 Das Verwaltungsverfahren

- Eine Baugenehmigung für ein Gebäude, das die gesetzlich geforderten Abstandsflächen gegenüber dem Nachbargrundstück nicht einhält, begünstigt den Bauherrn und belastet den Nachbarn. Der Verwaltungsakt hat also Doppelwirkung. Der Nachbar kann die Baugenehmigung anfechten.
- Zwei konkurrierende Omnibusunternehmer beantragen für dieselbe überörtliche Linie die Genehmigung nach dem Personenbeförderungsgesetz. Die Genehmigung kann nur einem der beiden Konkurrenten erteilt werden. Die Behörde entscheidet sich für den Bewerber, der seine Busse zwar in größeren Zeitabständen, dafür aber zu einem billigeren Entgelt verkehren läßt. Bei der Erteilung der Erlaubnis handelt es sich um einen Verwaltungsakt, der den Inhaber begünstigt, den Abgewiesenen aber belastet. Die Erlaubnis hat Doppelwirkung.

Derartige Doppelwirkungen kehren sich im Rechtsmittelverfahren um: Die Aufhebung der Begünstigung z. B. durch die Widerspruchsbehörde belastet nun den ursprünglich Begünstigten und begünstigt den ursprünglich Belasteten. Für den weiteren Verlauf des Rechtsmittelverfahrens tritt hierdurch ein Klägerwechsel ein.

2.4 Bestimmtheit und Form des Verwaltungsaktes

Der Verwaltungsakt muß inhaltlich hinreichend bestimmt sein; er kann schriftlich, mündlich oder in anderer Weise erlassen werden (§ 37 VwVfG).

Die Regelung muß vollständig, klar und unzweideutig erkennen lassen, welches Verhalten vom Bürger gefordert wird. Der Leser oder Angesprochene muß wissen, von wem etwas verlangt wird, wem etwas gewährt oder versagt wird, was genau festgestellt wird etc. Die Entscheidung muß befolgt werden können.

- Die Baugenehmigungsbehörde erläßt hinsichtlich eines Wochenendhauses im Außenbereich eine Beseitigungsanordnung und formuliert:
  „Die auf dem Grundstück Flur-Nr. 157 der Gemarkung Schönwald errichtete Hütte samt Einfriedung ist binnen drei Monaten ab Unanfechtbarkeit dieses Bescheides zu beseitigen, das Grundstück ist binnen der gleichen Frist zu rekultivieren." Dieser Text ist in der Praxis gebräuchlich, jedoch nicht hinreichend bestimmt: Der Eigentümer der Hütte weiß nach Erhalt des Bescheides, daß er Hütte und Einfriedung beseitigen muß. Er weiß aber nicht, was er zur „Rekultivierung" des Grundstücks tun muß. Ebenso unbestimmt wären Formulierungen wie „den ursprünglichen Zustand wiederherstellen". Will die Behörde, daß eine Rekultivierung durchgeführt wird, muß sie die einzelnen Maßnahmen genau beschreiben.

Mündliche Verwaltungsakte müssen nach § 37 Abs. 2 VwVfG bei unverzüglichem Verlangen des Betroffenen und seinem Interesse hieran schriftlich bestätigt werden. Die Bestätigung dient nur Beweiszwecken und stellt keinen Verwaltungsakt dar. Das berechtigte Interesse an einer mündlichen Bestätigung liegt regelmäßig vor, außer die Angelegenheit hat sich so erledigt, daß sie in der Gegenwart und Zukunft keinerlei Bedeutung mehr hat.

Schriftliche Verwaltungsakte müssen die erlassende Behörde genau erkennen lassen und die Unterschrift oder die Namenswiedergabe des Behördenleiters, seines Vertreters oder seines Beauftragten enthalten. Nur so kann ein Verwaltungsakt von einem unfertigen Entscheidungsentwurf unterschieden werden.

Eine Ausnahme von diesen strengen Erfordernissen gilt nur für automatisch angefertigte Verwaltungsakte, bei denen Unterschrift und Namenswiedergabe fehlen dürfen. Sie können zur Inhaltsangabe auch Schlüsselzeichen enthalten, wenn Erläuterungen beigefügt sind, die den Inhalt der Schlüsselzeichen eindeutig erkennen lassen (§ 37 Abs. 4 VwVfG).

2.5 Nebenbestimmungen und Begründung des Verwaltungsaktes

Oftmals werden Verwaltungsakte mit sogenannten Nebenbestimmungen versehen, die § 36 Abs. 2 VwVfG aufzählt:

▷ Befristung
▷ Bedingung
▷ Widerrufsvorbehalt
▷ Auflage
▷ Auflagenvorbehalt

Steht der Erlaß eines Verwaltungsaktes im Ermessen der Behörde, so kann sie den Verwaltungsakt mit Nebenbestimmungen versehen. Besteht hingegen ein Anspruch auf den Verwaltungsakt, so darf eine Nebenbestimmung nur angeordnet werden, wenn sie durch eine Rechtsvorschrift zugelassen ist oder wenn sie sicherstellen soll, daß die gesetzlichen Voraussetzungen des Verwaltungsaktes erfüllt werden (§ 36 Abs. 1 VwVfG).

Eine **Befristung** bedeutet, daß die Wirksamkeit eines Verwaltungsaktes vom Eintritt, der Dauer oder der Beendigung bestimmter Ereignisse abhängig gemacht wird.

Bei einer **Bedingung** hängt der Eintritt oder die Beendigung der mit dem Verwaltungsakt zusammenhängenden Rechtswirkungen von künftigen Ereignissen ab, deren Eintritt nicht völlig sicher ist.

Ein **Widerrufsvorbehalt** erlaubt der Behörde, bei Vorliegen bestimmter Umstände, die entweder in einer Rechtsvorschrift oder im Verwaltungsakt selbst genau

Kapitel 3   Das Verwaltungsverfahren

beschrieben werden müssen, nach pflichtgemäßem Ermessen den Verwaltungsakt zu widerrufen.

- *Nach der Entwässerungssatzung einer Gemeinde besteht Anschluß- und Benutzungszwang für alle bebauten Grundstücke an die Kanalleitung. Lediglich in Fällen einer unzumutbaren Härte kann eine Befreiung gewährt werden. Ein Grundstück liegt so ungünstig, daß der Kanal nur mit einer teuren Abwasserhebeanlage benutzt werden kann, da der Kanal höher als das Grundstück liegt. Der Eigentümer beantragt eine Befreiung vom Anschluß- und Benutzungszwang und erhält diese ebenso wie eine wasserrechtliche Erlaubnis zur Versickerung seines Hausabwassers in den Erdboden und damit ins Grundwasser. Die Befreiung und die wasserrechtliche Erlaubnis werden „widerruflich, längstens aber bis zur Fertigstellung eines neuen Kanals, an den das Grundstück ohne Hebeanlage angeschlossen werden kann, erteilt". Es handelt sich um keine Befristung, sondern um eine Bedingung, nämlich die Fertigstellung des neuen Kanals. Mit der Fertigstellung tritt die Bedingung ein, und die Befreiung verliert ihre Wirksamkeit, der Anschluß- und Benutzungszwang an das Kanalnetz wird von sich aus wirksam. Die zusätzliche Formulierung „widerruflich" enthält einen Widerrufsvorbehalt, der allerdings nicht bedeutet, daß die Behörde die Befreiung „wann sie will" widerrufen kann. Sie muß für den Widerruf ihr Ermessen sachgerecht ausüben. Ein Widerrufsgrund wäre z. B. gegeben, wenn durch Grundwasserproben festgestellt wird, daß durch die versickernden Abwäser das Grundwasser gefährdet wird. Liegt sogar eine Trinkwassergefährdung vor, muß die Behörde die Befreiung widerrufen, da das behördliche Ermessen wegen der Gesundheitsgefährdung auf eine gebundene Entscheidung reduziert wäre.*

Eine **Auflage** ist ein zusätzlich mit einem Verwaltungsakt verbundenes Gebot oder Verbot, das selbständig zum Hauptinhalt des Verwaltungsaktes tritt und für dessen Wirksamkeit ohne unmittelbare Bedeutung ist.

- *Eine Baugenehmigung enthält die Auflage, daß die im südöstlichen Bereich des Baugrundstücks stehende ca. 100 Jahre alte Linde durch die Baumaßnahme weder beschädigt noch beseitigt werden darf. Diese Auflage tritt selbständig neben den Inhalt der Baugenehmigung.*

!   Eine echte selbständige Auflage kann auch selbständig mit Rechtsmitteln angefochten werden.

Von den **selbständigen Auflagen** unterscheiden sich die **modifizierenden Auflagen** (feststehender Fachausdruck).

Eine modifizierte Auflage liegt vor, wenn die Behörde den Verwaltungsakt ohne diese Auflage nicht erlassen hätte.

- *Die Immissionsschutzbehörde erteilt einem Automobilwerk die immissionsschutzrechtliche Genehmigung für Errichtung und Betrieb einer Lackieranlage. Unter der Überschrift „Auflagen" wird ausgeführt, daß der vom*

Betrieb ausgehende Schall bei den benachbarten Wohnhäusern tagsüber 55 dB(A) und nachts 40 dB(A) nicht übersteigen darf. Gleichzeitig werden für die Abluft der Lackieranlage bestimmte Schadstoffhöchstwerte vorgeschrieben. Es handelt sich um nichtselbständige modifzierende Auflagen. Ohne die Auflagen, die mit dem geltenden Recht übereinstimmen, hätte die Behörde die Genehmigung nicht erteilen dürfen.

Die Unterscheidung zwischen selbständigen und modifizierenden Auflagen ist außerordentlich wichtig:

Wird gegen eine selbständige Auflage ein Rechtsmittel eingelegt, ist die Auflage bis zur Entscheidung über das Rechtsmittel außer Kraft gesetzt. Vom restlichen Inhalt der Genehmigung kann Gebrauch gemacht werden, er bleibt wirksam.

Ein Rechtsmittel gegen eine modifizierende Auflage verhindert die Wirksamkeit des gesamten Verwaltungsaktes.

Auch bei der Wahl der richtigen Klageart vor dem Verwaltungsgericht ist die Unterscheidung von Bedeutung (vgl. Kapitel 4, 2.4).

- *Die Auflage einer Gaststättenerlaubnis, zusätzlich zu fünf vorhandene Toiletten zwei weitere Toiletten einzubauen, ist selbständig anfechtbar (beim Fehlen jeglicher Toilettenanlagen wäre die Verpflichtung zum Einbau modifizierend). Wird die Auflage angefochten, bleibt die Gaststättenerlaubnis wirksam; im Rechtsmittelverfahren wird überprüft, ob zwei weitere Toiletten verlangt werden können.*

- *Hält das oben genannte Automobilwerk die Auflage hinsichtlich der Lärmrichtwerte oder Abluftwerte für überflüssig oder falsch, verhindert ein Rechtsmittel der Firma die Wirksamkeit der gesamten Genehmigung. Die Lackieranlage kann nicht errichtet werden, bis die Rechtmäßigkeit der Auflagen festgestellt ist.*

Ein **Auflagenvorbehalt** erlaubt der Behörde, Auflagen auch zu einem späteren Zeitpunkt zu erlassen.

Der **Widerrufsvorbehalt** bezieht sich auf den gesamten Verwaltungsakt oder Teile des Verwaltungsakts. Er ähnelt dem Auflagenvorbehalt, da eine nachträgliche belastende Auflage einen Teilwiderruf des ursprünglichen Verwaltungsaktes darstellt.

Ein schriftlicher Verwaltungsakt oder die schriftliche Bestätigung eines mündlichen Verwaltungsaktes muß **schriftlich begründet** werden. Bei einer Ermessensentscheidung sollen aus der Begründung auch die Gesichtspunkte erkennbar sein, von denen die Behörde bei der Ermessensausübung ausgegangen ist. Das Begründungsgebot soll die Überlegung ermöglichen, ob die Entscheidung rechtmäßig ist oder ob Rechtsmittel eingelegt werden sollen.

Eine **Begründung** ist in den folgenden Fällen gemäß § 39 Abs. 2 VwVfG **nicht erforderlich**:

▷ Die Behörde gibt einem Antrag oder einer Erklärung statt, und der Verwaltungsakt hat keine Doppelwirkung.

▷ Der betroffene Bürger kennt bereits die Auffassung der Behörde über die Sach- und Rechtslage oder kann sie auch ohne schriftliche Begründung leicht erkennen.

▷ Die Behörde erläßt eine Vielzahl gleichartiger Verwaltungsakte oder Verwaltungsakte über elektronische Datenverarbeitung. Die Begründung kann entfallen, wenn sie nach den Umständen des Einzelfalles nicht geboten ist (z. B. Formularbescheide wie die Aufforderung zur Abgabe einer Steuererklärung o. ä.).

▷ Eine Rechtsvorschrift erlaubt der Behörde, auf eine Begründung zu verzichten.

▷ Eine Allgemeinverfügung wird öffentlich bekanntgegeben (vgl. 2.2).

2.6 Die Zusicherung

Die Zusicherung ist eine von der zuständigen Behörde erteilte Zusage, einen bestimmten Verwaltungsakt zu erlassen oder zu unterlassen. Sie bedarf zu ihrer Wirksamkeit immer der schriftlichen Form (§ 38 VwVfG).

Manche Bürger verstehen unter Zusicherungen Äußerungen und Meinungen von Behördenmitgliedern, die in persönlichen Gesprächen fallen; sie verlassen sich darauf und richten ihre Handlungen danach ein, ohne den geringsten gesetzlichen Schutz zu haben.

- *Ein Gewerbebetrieb verhandelt mit einer Gemeinde über die Ansiedlung. Das Gewerbegebiet ist bereits ausgewiesen, die Straßenerschließung noch nicht endgültig hergestellt. In einem Gespräch erklärt der Bürgermeister im Beisein des zuständigen Verwaltungsbeamten, man sei wegen der Gewerbesteuereinnahmen an dem Betrieb sehr interessiert und sichere zu, keine Erschließungsbeiträge nach dem Bundesbaugesetz für die Herstellung der Straße zu erheben. Der Betrieb siedelt sich an und erhält später einen Erschließungsbeitragsbescheid entsprechend der Beitragssatzung der Gemeinde. Er hat keine Möglichkeit, sich gegen den Bescheid zu wehren, da die mündliche Äußerung des Bürgermeisters keine Bindungswirkung für die Gemeinde erzeugt. Dies gilt um so mehr, als die Zusicherung auch rechtswidrig war, denn nach dem Grundsatz der Abgabengleichheit müssen alle Beitragspflichtigen herangezogen werden. Allerdings kann der Betrieb Schadenersatzansprüche gegen die Gemeinde wegen des fehlerhaften Verhaltens ihres Bürgermeisters haben.*

Die Zusicherung darf nur gegeben werden, wenn alle am späteren Erlaß des zugesagten Verwaltungsaktes zu beteiligenden Behörden und Ausschüsse auch im Verfahren über die Zusicherung beteiligt wurden. Zusicherungen können ebenso wie Verwaltungsakte nichtig sein, zurückgenommen oder widerrufen werden (vgl. 2.9, 2.12, 2.13).

Eine wirksame Zusicherung **bindet** die Behörde. Ändert sich nach der Zusicherung die Sach- oder Rechtslage derart, daß die Zusicherung bei Kenntnis der nunmehrigen Lage nicht gegeben worden wäre, entfällt die Bindungswirkung.

2.7 Offenbare Unrichtigkeiten

Offenbare Unrichtigkeiten eines Verwaltungsaktes, wie Schreibfehler, Rechenfehler o. ä., kann die Behörde jederzeit berichtigen. Bei berechtigtem Interesse eines Beteiligten muß sie die Berichtigung vornehmen (§ 42 VwVfG). Eine offenbare Unrichtigkeit liegt nur vor, wenn sich aus der Formulierung des Verwaltungsaktes etwas ergibt, was sicher nicht gewollt war. Hat die Behörde dagegen einen gedanklichen Fehler begangen, liegt keine Unrichtigkeit, sondern ein inhaltlicher Mangel des Verwaltungsaktes vor. Dieser kann nicht ohne weiteres berichtigt, sondern nur im Rechtsmittelverfahren aufgehoben oder von der Behörde unter bestimmten Voraussetzungen zurückgenommen werden (§ 48 VwVfG, vgl. 2.12).

Die Berichtigung erfolgt in einem gesonderten Schreiben oder durch Aufbringung eines Berichtigungsvermerks auf dem fehlerhaften Schriftstück.

2.8 Die Wirksamkeit des Verwaltungsaktes und seine Bekanntgabe

Der Verwaltungsakt wird gegenüber demjenigen, für den er bestimmt ist oder der von ihm betroffen wird, in dem Zeitpunkt wirksam, in dem er ihm bekanntgegeben wird (§ 43 Abs. 1 Satz 1 VwVfG).

Ein Verwaltungsakt regelt mit Außenwirkung. Er bedarf daher zwingend seiner Bekanntgabe. Der Betroffene muß ihn nun befolgen oder kann die für ihn günstigen Folgen daraus ableiten.

!   Der Verwaltungsakt mit Doppelwirkung (vgl. 2.3) wird auch gegenüber dem Drittbeteiligten wirksam.

Nach § 41 VwVfG ist ein Verwaltungsakt den Beteiligten bekanntzugeben, für die er bestimmt ist oder die von ihm betroffen werden. Die Bekanntgabe kann gegenüber dem Bevollmächtigten geschehen.

Die Bekanntgabe kann **mündlich** erfolgen, sofern es sich um einen mündlichen Verwaltungsakt handelt. Sie kann auch **schriftlich**, durch **öffentliche Bekanntmachung** oder durch **Zustellung** erfolgen. Darüber hinaus enthalten Vorschriften des Besonderen Verwaltungsrechts weitere Formvorschriften für die Bekanntgabe.

Ein **schriftlicher** Verwaltungsakt, den die Behörde mit der Post versendet, gilt mit dem dritten Tag nach der Aufgabe als bekanntgegeben, außer er ist nicht oder erst zu einem späteren Zeitpunkt zugegangen. Die Beweislast für den Zugang trägt die **Behörde**.

Die **öffentliche Bekanntmachung** eines Verwaltungsaktes muß durch eine Rechtsvorschrift besonders zugelassen sein. Eine Allgemeinverfügung kann ohne besondere Vorschriften öffentlich bekanntgegeben werden, wenn eine Einzelbekanntgabe an die Beteiligten „untunlich" ist (§ 41 Abs. 3 VwVfG). Grundsätzlich wird die öffentliche Bekanntgabe eines schriftlichen Verwaltungsaktes dadurch bewirkt, daß er (ohne ausführliche Begründung) ortsüblich bekanntgemacht wird (Veröffentlichung in der Tageszeitung, Anschlag an Gemeindetafeln, in Notfällen auch Rundfunk und Fernsehen, Lautsprecherdurchsagen). In der ortsüblichen Bekanntmachung muß angegeben werden, wo der Verwaltungsakt und seine volle Begründung eingesehen werden können. Der Verwaltungsakt gilt zwei Wochen nach der ortsüblichen Bekanntmachung als bekanntgegeben, wobei in der Allgemeinverfügung ein hiervon abweichender Tag, jedoch frühestens der auf die Bekanntmachung folgende Tag, bestimmt werden kann.

! „Notverwaltungsakte", wie z. B. seuchenpolizeiliche Anordnungen oder Evakuierungsanordnungen wegen Giftgasen o. ä., werden selbstverständlich sofort wirksam, da sie mündlich bekanntgegeben werden können.

Die **Zustellung** von Verwaltungsakten ist eine besondere Form der Bekanntgabe und außerhalb des Verwaltungsverfahrensgesetzes in Sondervorschriften geregelt (Bundesverwaltungszustellungsgesetz bzw. Verwaltungszustellungsgesetze der Länder). Die Zustellungen erfolgen regelmäßig durch Boten, Postzustellungsurkunde oder eingeschriebenen Brief (Zugang wird am dritten Tag vermutet, muß aber von der Behörde bewiesen werden). Liegt von einem Bevollmächtigten eine schriftliche Vollmacht vor, muß der Verwaltungsakt ihm zugestellt werden, um die Rechtsmittelfristen in Lauf zu setzen (vgl. 1.5).

! Ausnahmsweise kann ein Verwaltungsakt trotz fehlender formeller Bekanntgabe wirksam werden, wenn es gegen „Treu und Glauben" verstoßen würde, sich auf eine fehlende Bekanntgabe zu berufen. Dadurch soll ein Rechtsmißbrauch der Bekanntgabevorschriften verhindert werden.

Der Verwaltungsakt

- Ein Ehepaar ist zu gleichen Teilen Eigentümer eines Grundstücks. Für das Nachbargrundstück wird eine Baugenehmigung erteilt, die dem Ehepaar zuzustellen wäre, da es die Bauanträge nicht unterschrieben hat. Die Behörde übersieht, daß das Grundstück im Eigentum beider Eheleute steht und stellt die Baugenehmigung nur dem Ehemann zu. Dieser legt keinen Widerspruch ein, der Nachbar beginnt nach einem Monat mit dem Bau und errichtet innerhalb von acht Monaten den Rohbau vollständig. Nach neun Monaten legt die Ehefrau Widerspruch bei der Baugenehmigungsbehörde ein und beruft sich darauf, daß ihr die Baugenehmigung nicht bekanntgegeben wurde, folglich auch keine Rechtsmittelfristen zu laufen begonnen hätten. Der Bau sei einzustellen.

  Der Widerspruch ist unzulässig, da angenommen werden muß, daß der Ehemann seine Frau als Miteigentümerin über die Baugenehmigung informiert hat und die Ehefrau täglich den Baufortschritt auf dem Nachbargrundstück mitverfolgt hat. Sie wußte, daß der Nachbar auf den Bestand seiner Baugenehmigung vertraute.

  Würde allerdings die Ehefrau von ihrem Mann getrennt leben und keine Ahnung von der Baugenehmigung haben, so könnte sie wohl zulässig Widerspruch einlegen.

Der Verwaltungsakt wird auch mit einem rechtswidrigen Inhalt wirksam, wenn er mit diesem Inhalt bekanntgegeben ist. Die Wirksamkeit und der Inhalt eines Verwaltungsaktes richten sich also nicht nach seiner Rechtmäßigkeit, sondern ausschließlich nach dem Inhalt der Bekanntgabe.

- Ein Beitragsbescheid für die Wasserversorgung ist fälschlicherweise mit einer zu großen zulässigen Geschoßfläche berechnet worden. Der Beitrag ist daher ebenfalls zu hoch. Die Behörde hat aber keinen Rechenfehler begangen, sondern ist von falschen tatsächlichen Voraussetzungen ausgegangen. Sofern der Grundstückseigentümer kein Rechtsmittel einlegt, wird der Beitragsbescheid mit dem — rechtswidrigen — Inhalt wirksam. Er bindet den Grundstückseigentümer, der den zu hohen Beitrag bezahlen muß. Der Verwaltungsakt ist rechtswidrig, aber bestandskräftig wirksam.

Die Wirksamkeit des Verwaltungsaktes beginnt mit seiner Bekanntgabe, die Bestandskraft des Verwaltungsaktes mit dem Ablauf der Rechtsmittelfrist oder dem rechtskräftigen Abschluß des Rechtsmittelverfahrens.

Die Bestandskraft bedeutet eine endgültige Wirksamkeit, die „Unanfechtbarkeit". Die Einlegung von Rechtsmitteln führt meistens (vgl. Kapitel 5, 2) zu einer vorübergehenden Unwirksamkeit des Verwaltungsaktes während des Rechtsmittelverfahrens. Ist das Verfahren abgeschlossen oder nicht fristgerecht begonnen, tritt die Bestandskraft des Verwaltungsaktes ein. Es stellt daher für die durch Verwaltungsakte mit Doppelwirkung Begünstigten ein erhebliches Risiko dar, im Vertrauen auf den Verwaltungsakt tätig zu werden, wenn dieser nur wirksam, aber noch nicht bestandskräftig ist (vgl. Kapitel 5, 2 mit Beispielen).

Kapitel 3   Das Verwaltungsverfahren

! Zum eigenen Schutz soll in solchen Fällen die Bestandskraft abgewartet werden. Auch soll der Begünstigte selbst sorgfältig darauf achten, daß der Verwaltungsakt allen Personen wirksam bekanntgegeben wird, die er möglicherweise belastet. Die Überprüfung erfolgt anhand der Adressenliste („Verteiler"), die dem Bescheid beigefügt ist. Ansonsten würde für belastete Personen, denen der Verwaltungsakt nicht bekanntgegeben wurde, für die Anfechtung eine Jahresfrist ab tatsächlicher Kenntnis von dem Verwaltungsakt laufen (vgl. 5.2).

Der Verwaltungsakt bleibt wirksam, solange und soweit er nicht zurückgenommen, widerrufen und anderweitig aufgehoben oder durch Zeitablauf auf andere Weise erledigt ist (§ 42 Abs. 2 VwVfG).

Die Rücknahme und der Widerruf von Verwaltungsakten werden unter 2.12 und 2.13 behandelt; unter „anderweitiger Aufhebung" ist z. B. die Aufhebung durch die Widerspruchsbehörde oder das Verwaltungsgericht gemeint. Eine Erledigung des Verwaltungsaktes kann auch durch Zeitablauf oder „in anderer Weise" eintreten:

- *Der Inhaber eines Jagdscheines verstirbt. Der Jagdschein ist ein personenbezogener begünstigender Verwaltungsakt, so daß er durch den Tod des Inhabers erledigt ist.*

2.9   Der nichtige Verwaltungsakt

Ein nichtiger Verwaltungsakt ist unwirksam (§ 43 Abs. 3 VwVfG).

Nur in besonderen Ausnahmefällen ist ein Verwaltungsakt nichtig. Er unterscheidet sich vom „nur rechtswidrigen" Verwaltungsakt durch besonders gravierende Mängel und Fehler und kennt auch keine Bestandskraft.

Ein Verwaltungsakt ist nichtig, soweit er an einem besonders schwerwiegenden Fehler leidet und dies bei verständiger Würdigung aller in Betracht kommenden Umstände offenkundig ist (§ 44 Abs. 1 VwVfG).

In der Rechtsprechung wird formuliert, daß die Fehlerhaftigkeit dem Verwaltungsakt „auf die Stirn geschrieben sein" muß, also kein objektiver Betrachter an der Fehlerhaftigkeit zweifeln kann.

- *Ein Mädchen erhält einen Musterungs- oder Einberufungsbescheid zum Grundwehrdienst; jedem Staatsbürger ist klar, daß in der Bundesrepublik Deutschland nur Männer zum Wehrdienst einberufen werden; der Verwaltungsakt ist nichtig.*

Nach § 44 Abs. 2 ist ein Verwaltungsakt bei folgenden Fehlern **immer nichtig**, selbst wenn der Fehler nicht offenkundig ist:

▷ Ein schriftlicher Verwaltungsakt läßt die ihn erlassende Behörde nicht erkennen.
▷ Ein Verwaltungsakt, der nach einer Rechtsvorschrift nur durch Aushändigung einer Urkunde erlassen werden kann, wird ohne Urkunde vorgenommen (z.B. Beamtenernennung oder Einbürgerung durch einfaches Schreiben).
▷ Eine Behörde erläßt einen Verwaltungsakt, der sich auf unbewegliches Vermögen oder ortsgebundene Rechte bezieht und ist hierfür örtlich nicht zuständig und auch nicht ermächtigt (die Stadt Hamburg erteilt eine Baugenehmigung für ein Grundstück in München).
▷ Den Verwaltungsakt kann aus tatsächlichen Gründen niemand ausführen (Anordnung der Baubeseitigung für ein bereits abgebrochenes Haus).
▷ Der Verwaltungsakt verlangt direkt oder indirekt die Begehung einer Ordnungswidrigkeit oder Straftat.
▷ Der Verwaltungsakt verstößt gegen die „guten Sitten" (z.B. Nötigung zur Eheschließung); die Fälle sind in der Praxis selten.

Nach § 44 Abs. 3 ist ein Verwaltungsakt **nicht** schon deshalb **nichtig**, weil

▷ die erlassende Behörde örtlich nicht zuständig war,
▷ beim Erlaß des Verwaltungsaktes eine Person mitgewirkt hat, die befangen war, es sei denn, ein unmittelbar Beteiligter hat auf seiten der Behörde mitgewirkt, und eine Selbstbegünstigung kann nicht mit Sicherheit ausgeschlossen werden,
▷ ein Ausschuß am Erlaß des Verwaltungsaktes hätte mitwirken müssen, jedoch den vorgeschriebenen Beschluß nicht gefaßt hat oder nicht beschlußfähig war,
▷ durch Rechtsvorschrift die Mitwirkung einer anderen Behörde erforderlich war, jedoch unterblieben ist (Baugenehmigung ohne das Einvernehmen der Gemeinde).

Auch eine Teil-Nichtigkeit ist möglich, wenn der nichtige Teil nicht so wesentlich ist, daß die Behörde den Verwaltungsakt ohne ihn nicht erlassen hätte. Andernfalls ergreift die Nichtigkeit eines Teiles den gesamten Verwaltungsakt (§ 44 Abs. 3 VwVfG). Die Unterscheidung zu selbständigen und modifizierenden Auflagen ist entsprechend anwendbar (vgl. 2.5).

Hat die Behörde einen nichtigen Verwaltungsakt erlassen, kann sie die Nichtigkeit von sich aus jederzeit feststellen; sie **muß** die Nichtigkeit feststellen, wenn ein Antragsteller ein berechtigtes Interesse hieran hat.

2.10 Heilung und Folgen von Verfahrens- und Formfehlern

Eine Verletzung von Verfahrens- oder Formvorschriften (in nichtförmlichen oder förmlichen Verwaltungsverfahren) kann teilweise gemäß § 45 VwVfG geheilt werden, teilweise ist sie entsprechend § 46 VwVfG ohne weitere Folgen.

▷ Ein für den Erlaß des Verwaltungsaktes erforderlicher Antrag kann nachträglich gestellt werden.

▷ Ein nach § 39 VwVfG begründungspflichtiger Verwaltungsakt wurde nicht begründet — die Begründung kann nachgeholt werden.

▷ Entgegen § 28 VwVfG wurde ein Beteiligter im Verwaltungsverfahren nicht angehört — die Anhörung kann nachgeholt werden.

▷ Der Beschluß eines Ausschusses, dessen Mitwirkung für den Erlaß des Verwaltungsaktes erforderlich gewesen wäre, aber nicht vorlag, kann nachgeholt werden.

▷ Die unterbliebene Mitwirkung einer anderen Behörde kann durch nachträgliche Mitwirkung geheilt werden.

> • *Die Gemeinde kann ihr Einvernehmen zu einer Baugenehmigung auch nach Erlaß der Baugenehmigung nachträglich erteilen.*

Die nachträgliche Stellung eines Antrags ist unbegrenzt möglich, die Nachholung der Begründung, Beteiligtenanhörung, Beschlußfassung oder Mitwirkung ist nur bis zum Abschluß des Widerspruchsverfahrens zulässig. Findet ein Widerspruchsverfahren nicht statt, kann die Nachholung nur bis zur Erhebung der verwaltungsgerichtlichen Klage erfolgen. Während des Verwaltungsgerichtsverfahrens ist eine Heilung dieser Fehler nicht mehr möglich (§ 45 Abs. 2 VwVfG).

Die zeitliche Begrenzung für die Nachholung von Verfahrenshandlungen (außer der Antragstellung) ist eine Folge des Über-/Unterordnungsverhältnisses im Verwaltungsverfahren. Vor dem Verwaltungsgericht stehen sich die Prozeßparteien gleichrangig gegenüber, so daß es der Verwaltung verwehrt ist, während des Prozesses durch nachgeschobene Begründungen oder Heilungshandlungen Verwaltungsakte nachträglich zu rechtfertigen.

! Wird ein Verwaltungsakt nachträglich begründet oder die Anhörung eines Beteiligten nachgeholt, gibt die Heilung dem hiervon Betroffenen einen Wiedereinsetzungsgrund, wenn er wegen der fehlenden Begründung oder Anhörung die Anfechtung des Verwaltungsaktes unterlassen hat (vgl. 5.3).

Ein Verwaltungsakt, der unter Verstoß gegen Verfahrens- oder Formvorschriften oder Vorschriften über die behördliche Zuständigkeit erlassen wurde, kann nur dann deswegen aufgehoben werden, wenn in der Sache bei Beachtung der Vorschriften eine andere Entscheidung möglich gewesen wäre (§ 46 VwVfG).

Rechtsmittel wegen Verfahrens- oder Formfehlern sind unbegründet, wenn keine andere Entscheidung hätte getroffen werden können. Eine Heilung wäre überflüssig.

- *In einem Villen-Viertel soll ein siebenstöckiges Hochhaus errichtet werden. Ein Bebauungsplan liegt nicht vor. Durch ein Versehen wurde das nach § 36 Bundesbaugesetz notwendige Einvernehmen der Gemeinde nicht eingeholt. Die Baugenehmigungsbehörde lehnt das Bauvorhaben ab, weil es sich gemäß § 34 Bundesbaugesetz nicht in die Eigenart der näheren Umgebung einfügt. Im Widerspruchsverfahren des Bauherrn rügt dieser, die Gemeinde sei nicht gehört worden. Der Fraktionsvorsitzende der Mehrheitspartei im Gemeinderat habe ihm erklärt, die Gemeinde hätte das Einvernehmen erteilt.*

  Das Rechtsmittel ist unbegründet: Selbst bei einer Nachholung des gemeindlichen Einvernehmens könnte die Baugenehmigungsbehörde keine andere Entscheidung treffen, denn das Bauvorhaben fügt sich nicht in die Eigenart der näheren Umgebung ein.

2.11 Die Umdeutung eines fehlerhaften Verwaltungsaktes

Ein fehlerhafter Verwaltungsakt kann in einen anderen Verwaltungsakt umgedeutet werden, wenn er

▷ **auf das gleiche Ziel gerichtet ist,**
▷ **von der erlassenden Behörde in der geschehenen Verfahrensweise und Form rechtmäßig hätte erlassen werden können und**
▷ **wenn die Voraussetzungen für dessen Erlaß erfüllt sind (§ 47 Abs. 1 VwVfG).**

Die Umdeutung (Konversion) verwandelt fehlerhafte Verwaltungsakte in fehlerfreie. Sie wirkt auf den Zeitpunkt des Erlasses des ursprünglichen fehlerhaften Verwaltungsaktes zurück und ist auch bei nichtigen Verwaltungsakten möglich.

Eine Umdeutung ist nicht möglich, wenn der umdeutende Verwaltungsakt der erkennbaren Absicht der erlassenden Behörde widersprechen würde oder seine Rechtsfolgen für den Betroffenen ungünstiger wären als die des fehlerhaften Verwaltungsaktes. Eine Umdeutung ist auch unzulässig, wenn der fehlerhafte Verwaltungsakt nicht zurückgenommen werden dürfte (§ 47 Abs. 2 VwVfG).

Die Einschränkungen dienen in erster Linie dem Vertrauensschutz des Bürgers. Im Zweifel muß die Behörde einen neuen weitergehenden Verwaltungsakt erlassen, dessen Wirksamkeit jedoch erst mit seiner Bekanntgabe (ohne Rückwirkung) eintritt. Auch kann durch eine Umdeutung keine weitere Person, die bislang nicht im Verfahren beteiligt war, mit dem Verwaltungsakt erstmals belastet werden.

Gebundene Entscheidungen dürfen nicht in Ermessensentscheidungen umgedeutet werden (§ 47 Abs. 3 VwVfG).

Bei einer Ermessensentscheidung muß sich die Behörde ihres Ermessensspielraums bewußt sein. Die Umdeutung einer gebundenen Entscheidung in eine Ermessensentscheidung würde bedeuten, daß das Ermessen völlig ausfällt. Lediglich dann, wenn das behördliche Ermessen wegen Ansprüchen Dritter oder aus anderen Gründen auf eine gebundene Entscheidung reduziert ist (vgl. Kapitel 2, 2.2.7), ist die Umdeutung möglich, da dann trotz des Wortlauts der Ermessensvorschrift tatsächlich eine gebundene Entscheidung vorliegt. Umgekehrt ist die Umdeutung einer Ermessensentscheidung in eine gebundene Entscheidung zulässig, sofern die Voraussetzungen der gebundenen Entscheidung vorliegen. Im Umdeutungsverfahren müssen die Betroffenen angehört werden. Die Umdeutung ist ein Verwaltungsakt, der mit der Begründung angefochten werden kann, daß die Voraussetzungen für eine Umdeutung nicht vorliegen. Inhaltlich kann der Umdeutungsbescheid nicht angegriffen werden, es sei denn, der frühere fehlerhafte Bescheid sei bereits rechtzeitig mit Rechtsmitteln angefochten worden. Erfolgt die Umdeutung während eines gegen den ursprünglichen Verwaltungsakt bereits eingeleiteten Rechtsmittelverfahrens, kann der Umdeutungsakt in das Rechtsmittelverfahren einbezogen werden.

2.12 Die Rücknahme eines rechtswidrigen Verwaltungsaktes

Ein rechtswidriger belastender Verwaltungsakt kann auch nach Eintritt seiner Bestandskraft ganz oder teilweise mit Wirkung für die Zukunft oder für die Vergangenheit zurückgenommen werden (§ 48 Abs. 1 Satz 1 VwVfG).

Die Rücknahme eines rechtswidrigen Verwaltungsaktes (§ 48 VwVfG) und der Widerruf eines rechtmäßigen Verwaltungsaktes (§ 49 VwVfG) sind Ausnahmen vom Grundsatz der Bestandskraft.

Für die Behörde besteht eine Rücknahmemöglichkeit hinsichtlich rechtswidriger **belastender** Verwaltungsakte immer. Belastende Verwaltungsakte begründen Pflichten, Gebote oder Verbote und verändern die Rechtslage zum Nachteil des Betroffenen, so daß dieser an der späteren Rücknahme nur interessiert sein kann.

Rechtswidrige begünstigende Verwaltungsakte können nur unter besonderen Einschränkungen zurückgenommen werden.

Ein begünstigender Verwaltungsakt begründet oder bestätigt ein Recht oder einen Vorteil (§ 48 Abs. 1 Satz 2 VwVfG). Verwaltungsakte mit Doppelwirkung, die einen Beteiligten belasten, den anderen begünstigen, sind insgesamt als begünstigende Verwaltungsakte zu behandeln. Der begünstigende Verwaltungsakt gewährt dem Begünstigten ein Recht, er besitzt ein Vertrauen in dieses Recht, das dem Interesse des mit dem Verwaltungsakt Belasteten vorgeht. Enthält ein Verwaltungsakt hinsichtlich eines Betroffenen sowohl begünstigende als auch belastende Teile, so muß er für die Rücknahme insgesamt als begünstigend behandelt werden, es sei denn, es werden in einem äußeren Bescheid zwei völlig getrennte Regelungen getroffen, die inhaltlich nichts miteinander zu tun haben.

- *Die Erteilung einer Baugenehmigung mit der Auflage, einen schützenswerten Baum in einem auch weiterhin unbebauten Teil des Grundstücks zu erhalten, enthält bezüglich der Bauerlaubnis eine begünstigende, bezüglich der Naturschutzauflage eine belastende Regelung. Sollte sich die Rechtswidrigkeit einer dieser Regelungen herausstellen, kann die Behörde die Naturschutzauflage als belastenden Teil unbeschränkt zurücknehmen, die Baugenehmigung jedoch nur unter den Einschränkungen für die Rücknahme begünstigender Verwaltungsakte.*

Ob die Behörde einen rechtswidrigen Verwaltungsakt zurücknimmt, liegt in ihrem Ermessen.

Das Ermessen wird durch das Verbot, bestimmte begünstigende Verwaltungsakte zurückzunehmen, eingeschränkt.

Ein rechtswidriger begünstigender Verwaltungsakt, der eine Geldleistung oder „teilbare Sachleistung" gewährt oder Voraussetzung hierfür ist, darf nicht zurückgenommen werden, wenn der Begünstigte auf den Bestand des Verwaltungsaktes vertraut hat und sein Vertrauen nach Abwägung mit dem öffentlichen Interesse schutzwürdig ist.

- *Bewilligungsbescheide der Sozialleistungen, Festsetzungsbescheide für Beamtengehälter etc.*

Das schutzwürdige Vertrauen des Betroffenen muß mit dem öffentlichen Interesse an der Rücknahme eines rechtswidrigen Verwaltungsaktes abgewogen werden. Das öffentliche Interesse muß gerade in dem konkreten Fall bestehen. Ist der Behörde ein Verschulden vorzuwerfen, überwiegt normalerweise das Vertrauensinteresse des Beteiligten. Das Vertrauen ist **schutzwürdig**, wenn der Begünstigte gewährte Leistungen verbraucht hat oder über das Vermögen so verfügt hat, daß er die Verfügung nur unter unzumutbaren Nachteilen oder nicht mehr rückgängig machen kann. Dazu zählt unter anderem:

Kapitel 3 Das Verwaltungsverfahren

▷ Unterlassen einer infolge der behördlichen Leistung nicht mehr als notwendig angesehenen Erwerbstätigkeit,
▷ Verwendung des erhaltenen Betrages zur Beteiligung an einer Firma,
▷ Kauf von Wohnungseigentum.

Auf Vertrauen in den Bestand des rechtswidrigen Verwaltungsaktes kann sich der Begünstigte nicht berufen, wenn er

▷ den Verwaltungsakt durch arglistige Täuschung, Drohung oder Bestechung erwirkt hat,
▷ den Verwaltungsakt durch unrichtige oder unvollständige Angaben erwirkt hat und ihn hieran ein Verschulden trifft,
▷ die Rechtswidrigkeit des Verwaltungsaktes kannte oder infolge grober Fahrlässigkeit nicht kannte.

- *Ein Amtsrat erhält einen Gehaltsfestsetzungsbescheid in der Höhe eines Ministerialrats-Gehaltes. Er verbraucht die Bezüge, hätte die Rechtswidrigkeit aber erkennen müssen.*

In den genannten Fällen wird der Verwaltungsakt normalerweise auch mit Wirkung für die Vergangenheit zurückgenommen, gewährte Leistungen müssen zurückerstattet werden. Auf den Verbrauch oder die Verwertung kann sich der Erstattungspflichtige nicht berufen, wenn er die Rechtswidrigkeitsumstände kannte oder kennen mußte.

Ein rechtswidriger Verwaltungsakt, der eine andere Begünstigung als eine einmalige oder laufende Geldleistung oder teilbare Sachleistung gewährt, kann weitgehender zurückgenommen werden: Das Vorliegen eines schutzwürdigen Vertrauens schließt grundsätzlich nicht die Rücknahme aus, sondern verpflichtet die Behörde zum Ausgleich der Vermögensnachteile (§ 48 Abs. 3 VwVfG).

Bei der Rücknahme von Verwaltungsakten, die nicht Geld- oder Sachleistungen zum Gegenstand haben, stehen nicht nur die finanziellen Interessen, sondern auch wichtige öffentliche Interessen auf dem Spiel. Die Behörde muß im Rahmen ihrer Ermessensentscheidung das Vertrauen des Betroffenen in die begünstigende Regelung berücksichtigen. Kommt sie zu dem Ergebnis, sie müsse den rechtswidrigen Verwaltungsakt zurücknehmen, muß sie dem Betroffenen Ausgleich des Vermögensnachteiles gewähren, den er durch sein Vertrauen auf den Beistand des Verwaltungsaktes erleidet, es sei denn, sein Vertrauen sei ausnahmsweise nicht schutzwürdig (Täuschung, Drohung, Bestechung, unrichtige oder unvollständige Angaben, Kenntnis der Rechtswidrigkeit).

Der dem Beteiligten entstehende Vermögensnachteil ist allerdings nicht höher zu ersetzen, als das finanzielle Interesse des Betroffenen am Bestand des Verwaltungsaktes.

- Ein Industrieunternehmen erhält eine immissionsschutzrechtliche Genehmigung für eine Farbglasfabrik. *Die nach der im Genehmigungszeitpunkt höchst zulässige Schadstoffmenge in der Abluft der Fabrik wird genehmigt. Sowohl die Firma als auch die Behörde übersehen, daß in der Hauptwindrichtung ein Lungensanatorium liegt. Der Träger des Lungensanatoriums unternimmt gegen die immissionsschutzrechtliche Genehmigung nichts, an die Baugenehmigungsbehörde werden aber Beschwerden herangetragen. Sie erkennt, daß die Genehmigung rechtswidrig war und beschließt aus überwiegenden Gründen des öffentlichen Interesses und des Interesses der Kranken die Rücknahme der Genehmigung. Die Firma hat Anspruch auf Ersatz der Vermögensnachteile, also aller Aufwendungen, die sie im Vertrauen auf die Erlaubnis gemacht hat und die nunmehr nutzlos sind. Allerdings kann sie den durch den Entzug der Genehmigung entstehenden Gewinnentgang als Schaden nicht geltend machen.*

Die Erstattung des Vermögensnachteils muß innerhalb eines Jahres bei der Behörde beantragt werden. Die Frist beginnt nur zu laufen, wenn die Behörde hierauf hingewiesen hat.

Die Rücknahme eines rechtswidrigen begünstigenden Verwaltungsaktes ist nur innerhalb eines Jahres seit dem Zeitpunkt zulässig, in dem die Behörde von den Tatsachen Kenntnis erhalten hat, welche die Rücknahme rechtfertigen. Wurde der Verwaltungsakt durch arglistige Täuschung, Drohung oder Bestechung erwirkt, kann er auch später zurückgenommen werden.

Die Rücknahme eines rechtswidrigen belastenden Verwaltungsaktes ist ein begünstigender Verwaltungsakt; die Rücknahme eines rechtswidrigen begünstigenden Verwaltungsaktes ist ein belastender Verwaltungsakt.

Die Rücknahme eines rechtswidrigen **belastenden** Verwaltungsaktes ist unanfechtbar, da sie ausschließlich begünstigend wirkt. Gegen die Rücknahme eines rechtswidrigen **begünstigenden** Verwaltungsaktes können die allgemeinen Rechtsmittel (Widerspruch, Klage) eingelegt werden. Die Betroffenen können unter Umständen Schadenersatzansprüche wegen Amtspflichtverletzung haben, wenn die Behörde bei Erlaß des ursprünglichen Verwaltungsaktes ein Verschulden trifft.

2.13 Der Widerruf eines rechtmäßigen Verwaltungsaktes

Ein rechtmäßiger belastender Verwaltungsakt kann auch nach seiner Bestandskraft ganz oder teilweise mit Wirkung für die Zukunft, nicht aber mit Wirkung für die Vergangenheit, widerrufen werden, außer die

Kapitel 3   Das Verwaltungsverfahren

Behörde müßte einen Verwaltungsakt gleichen Inhalts erneut erlassen oder der Widerruf wäre aus anderen Gründen unzulässig (§ 49 Abs. 1 VwVfG).

Ein rechtmäßiger begünstigender Verwaltungsakt kann auch nach seiner Bestandskraft ganz oder teilweise mit Wirkung für die Zukunft widerrufen werden, wenn folgende Voraussetzungen vorliegen:

▷ Der Widerruf ist durch Rechtsvorschrift zugelassen oder im Verwaltungsakt vorbehalten (der Widerruf darf nur aus den Gründen erfolgen, zu deren Zweck der Widerrufsvorbehalt in den ursprünglichen Verwaltungsakt aufgenommen wurde).

▷ Der Verwaltungsakt ist mit einer Auflage verbunden, und der Begünstigte hat diese nicht oder nicht innerhalb einer ihm gesetzten Frist erfüllt. Dabei kommt es grundsätzlich auf ein Verschulden des Begünstigten nicht an, Schuldlosigkeit ist aber bei der Ermessensausübung zu berücksichtigen.

▷ Die Behörde wäre aufgrund nachträglich eingetretener Tatsachen berechtigt, den Verwaltungsakt nicht zu erlassen, und ohne den Widerruf wäre das öffentliche Interesse gefährdet. Die „Gefährdung des öffentlichen Interesses" ist eng zu verstehen, für den Staat oder die Allgemeinheit muß ein unmittelbarer starker Schaden drohen, der nur durch den Widerruf des rechtmäßigen begünstigenden Verwaltungsaktes abgewendet werden kann.

▷ Die Behörde wäre aufgrund einer geänderten Rechtslage berechtigt, den Verwaltungsakt jetzt nicht mehr zu erlassen, und der Begünstigte hat von der Begünstigung noch keinen Gebrauch gemacht oder noch keine Leistungen empfangen; ohne den Widerruf wäre das öffentliche Interesse gefährdet.

▷ Der Widerruf ist zur Verhütung oder Beseitigung schwerer Nachteile für das Gemeinwohl notwendig. „Schwere Nachteile für das Gemeinwohl" bedeutet nicht, daß eine Katastrophe eingetreten sein muß, jedoch müssen überragende Gemeinschaftsgüter gefährdet sein.

> • *Infolge des Waldsterbens beschließt der Gesetzgeber, die Vorschriften des Bundesimmissionsschutzgesetzes und der Verordnung über Großfeuerungsanlagen so zu ändern, daß besonders emittierende Großfeuerungsanlagen nicht mehr betrieben werden dürfen oder nur mit erheblichen Auflagen weiterbefeuert werden können. Die unteren Immissionsschutzbehörden werden angewiesen, den Vollzug durchzuführen (das Beispiel ist theoretisch gewählt, der Ausgang der Rechtsmittelverfahren ist nur schwer vorhersehbar).*
>
> *Die Großfeuerungsanlagen waren bereits früher genehmigungspflichtig, die Genehmigungen waren rechtmäßig, denn sie standen mit den damaligen Vorschriften in Einklang.*

Die Behörde kann einen Widerruf der Genehmigung oder nachträgliche einschneidende Auflagen (Teilwiderruf) gegenüber den Firmen auf die geänderte Rechtslage nur stützen, wenn diese von der Genehmigung noch keinen Gebrauch gemacht haben. Gegenüber den anderen Firmen könnten die Behörden den Widerruf unter Umständen auf die Verhütung und Beseitigung schwerer Nachteile für das Gemeinwohl stützen. Allerdings muß auf eine gleichmäßige Ermessensausübung aller Behörden geachtet werden, da durch eine einzelne Großfeuerungsanlage alleine das Wohl der Allgemeinheit noch nicht als ernstlich gefährdet angesehen werden kann.

Der Widerruf eines rechtmäßigen Verwaltungsaktes steht im pflichtgemäßen Ermessen der Behörde. Dieses kann im Einzelfall auf eine gebundene Entscheidung reduziert sein (vgl. Kapitel 2, 2.2.7).

Der Widerruf eines rechtmäßigen Verwaltungsaktes kann nur innerhalb eines Jahres ab Kenntnis der Behörde von den den Widerruf rechtfertigenden Tatsachen vorgenommen werden.

Der Widerruf eines Verwaltungsaktes wird mit dem Wirksamwerden des Widerrufs unwirksam, sofern nicht ein späterer Zeitpunkt von der Behörde bestimmt wird (§ 49 Abs. 3 VwVfG).

Rechtsmittel gegen den Widerrufsbescheid können die Wirksamkeit des Widerrufs bis zum Ende des Rechtsmittelverfahrens wieder außer Kraft setzen, so daß der ursprünglich begünstigende Verwaltungsakt mit der Rechtsmitteleinlegung wieder auflebt. Die Behörden bestimmen daher häufig in Widerrufsbescheiden, daß der Widerruf mit seiner Bestandskraft wirksam wird.

Wird ein rechtmäßiger begünstigender Verwaltungsakt widerrufen, weil sich die tatsächliche Lage oder die Rechtslage geändert haben oder weil nur so schwere Nachteile für das Gemeinwohl verhütet oder beseitigt werden können, kann der Betroffene Entschädigung des Vermögensnachteils beanspruchen, den er durch sein schutzwürdiges Vertrauen in den Bestand des ursprünglichen Verwaltungsaktes erlitten hat.

! Enthält ein rechtmäßiger begünstigender Verwaltungsakt einen Widerrufsvorbehalt oder enthält er eine Auflage, die der Begünstigte nicht oder nicht innerhalb der ihm gesetzten Frist erfüllt, erhält der Begünstigte für den Fall des Widerrufs **keine** Entschädigung (§ 49 Abs. 5 VwVfG). Allerdings muß sich der Widerrufsvorbehalt auch auf den Widerrufsgrund beziehen:

- *Enthält in obigem Beispiel für Großfeuerungsanlagen eine frühere Genehmigung einen Widerrufsvorbehalt für den Fall schädlicher Umwelteinwirkungen auf die Nachbargrundstücke, muß Entschädigung geleistet werden, da der Widerruf nicht aufgrund des Widerrufsvorbehalts, sondern zum Zweck der Beseitigung schwerer Nachteile für das Gemeinwohl (Waldsterben) erfolgt.*

Der Entschädigungsanspruch muß binnen eines Jahres geltend gemacht werden. Die Frist beginnt zu laufen, wenn die Behörde auf sie hinweist.

2.14 Rücknahme und Widerruf im Rechtsbehelfsverfahren

Ausnahmsweise können rechtswidrige begünstigende Verwaltungsakte einschränkungslos zurückgenommen werden und rechtmäßige begünstigende Verwaltungsakte einschränkungslos widerrufen werden, wenn ein von ihnen belasteter Dritter Rechtsbehelfe eingelegt hat und infolge dieser Rechtsbehelfe die Begünstigung ganz oder teilweise aufgehoben wird (§ 50 VwVfG).

Die Regelung verhindert, daß durch rechtswidrige begünstigende Verwaltungsakte Dritte endgültig belastet werden können.

- *Eine Baugenehmigung wird unter Verletzung der Abstandsflächenvorschriften erteilt. Im vom Nachbarn angestrengten Rechtsmittelverfahren kann dieser begünstigende Verwaltungsakt einschränkungslos aufgehoben werden. Der Bauherr sollte aber Amtshaftungsansprüche überprüfen, wenn er von der Behörde beispielsweise schuldhaft falsch beraten wurde.*

2.15 Die Rückgabe von Urkunden und Sachen

Sofern ein Verwaltungsakt bestandskräftig widerrufen oder zurückgenommen ist oder seine Wirksamkeit z. B. wegen Zeitablauf oder Bedingungseintritt entfällt, kann die Behörde die Urkunden oder Sachen zurückfordern, die zum Nachweis der Rechte aus dem Verwaltungsakt oder zur Ausübung der Rechte erteilt wurden.

- *Führerschein*
- *Staatsangehörigkeitsurkunde*
- *Dienstausweis*
- *Polizeimarke*

Der Betroffene ist zur Herausgabe verpflichtet, kann aber verlangen, daß die Behörde die Urkunden oder Sachen als ungültig kennzeichnet und ihm wieder aushändigt, es sei denn, dies ist nicht möglich.

2.16 Das Wiederaufgreifen des Verfahrens

Die Rücknahme rechtswidriger und der Widerruf rechtmäßiger Verwaltungsakte steht im Ermessen der Behörde. Die Behörde **muß** jedoch bei Vorliegen bestimmter Voraussetzungen ohne jedes Ermessen das Verwaltungsverfahren wiederaufgreifen, auch wenn der Verwaltungsakt bereits unanfechtbar ist:

Der Verwaltungsakt

Auf Antrag eines Betroffenen muß die Behörde über die Aufhebung oder Änderung eines bestandskräftigen Verwaltungsaktes in folgenden Fällen entscheiden:

▷ Die dem Verwaltungsakt zugrunde liegende Sach- oder Rechtslage hat sich nachträglich zugunsten des Betroffenen geändert.

- *Eine Baugenehmigung wurde versagt, weil die Abstandsflächenvorschriften nicht eingehalten wurden. Später erging eine neue Bauordnung, die geringere Abstandsflächen vorsieht und nach der das frühere Vorhaben zulässig wäre.*

▷ Neue Beweismittel liegen vor, die eine für den Betroffenen günstigere Entscheidung herbeiführen würden. Gemeint sind Beweismittel, die zum Zeitpunkt der ursprünglichen Entscheidung nicht zur Verfügung standen oder ohne Verschulden des Betroffenen nicht beschafft werden konnten.

▷ Es liegen Wiederaufnahmegründe gemäß § 580 Zivilprozeßordnung vor (Falschaussage eines Beteiligten oder Zeugen, schuldlos unrichtige oder unvollständige Angaben, falsche Urkunde, falsche Auskunft, falsches und wahrheitswidriges Gutachten, strafbare Handlung zur Herbeiführung des Verwaltungsakts, Amtspflichtverletzung des Beamten der Behörde, andere Beurteilung der Entscheidungsgrundlagen durch ein hierfür zuständiges Gericht).

! Der Wiederaufnahmeantrag ist nur zulässig, wenn es für den Betroffenen ohne grobes Verschulden unmöglich war, den Wiederaufnahmegrund in dem früheren Verwaltungsverfahren vor Erlaß des Verwaltungsaktes oder nach Erlaß durch einen Rechtsbehelf geltend zu machen.

Haben sich Wiederaufnahmegründe bereits im ursprünglichen Verfahren aufgedrängt und hat sich der Beteiligte unter Verletzung seiner Mitwirkungspflicht nach § 26 VwVfG (vgl. 1.11) um die Sache nicht gekümmert, so kann er sich nicht auf einen Wiederaufnahmegrund berufen.

Der Antrag auf Wiederaufnahme des Verfahrens muß innerhalb von drei Monaten ab Kenntnis des Betroffenen von dem Wiederaufnahmegrund gestellt werden (§ 51 Abs. 3 VwVfG). Diese Frist ist problematisch, allerdings muß echte Kenntnis vom Wiederaufnahmegrund vorliegen, nicht ein bloßes „Kennenmüssen". Gegen die Versäumung der Frist ist Wiedereinsetzung in den vorigen Stand möglich (vgl. 5.3).

2.17 Verwaltungsakt und Verjährung

Verwaltungsakte, die Festsetzungen über Beiträge, Gebühren, öffentliche Abgaben, Leistungen etc. enthalten, unterliegen Verjährungsvorschriften. Diese sind

Kapitel 3 Das Verwaltungsverfahren

in den jeweiligen Vorschriften des Besonderen Verwaltungsrechts gesondert geregelt. Die Frage der Verjährung ist in nahezu allen Bereichen des Abgabenrechts von hoher Schwierigkeit und einer allgemein gültigen systematischen Darstellung kaum zugänglich. Teilweise verweisen die Ländergesetze auf die Vorschriften der Abgabenordnung, die als Spezialgesetz den Vorschriften des VwVfG vorgeht.

Ein Verwaltungsakt, der zur Durchsetzung des Anspruchs eines öffentlich-rechtlichen Rechtsträgers erlassen wird, unterbricht die Verjährung dieses Anspruchs. Die Unterbrechung dauert fort, bis der Verwaltungsakt unanfechtbar geworden ist oder das Verwaltungsverfahren, das zu seinem Erlaß geführt hat, anderweitig erledigt ist (§ 53 VwVfG).

Die Unterbrechung der Verjährung bedeutet, daß nach Ende der Unterbrechung die Verjährungsfrist in voller Länge erneut zu laufen beginnt. Wird der Verwaltungsakt später aufgehoben, ist die Unterbrechung nicht eingetreten, d. h., die Verjährungsfrist wurde nicht unterbrochen. § 53 VwVfG wird auch auf Ansprüche des Bürgers gegen den Staat angewandt, wobei verschiedentlich nicht auf den Erlaß des Verwaltungsaktes, sondern auf den Antrag auf Erlaß des Verwaltungsaktes verjährungsrechtlich abgestellt wird. Die Fragen sind umstritten und noch nicht abschließend geklärt.

!° Nur fällige Abgaben können verjähren.

- *Erweist sich die Erschließungsbeitragssatzung einer Gemeinde wegen eines Fehlers im Verteilungsmaßstab als nichtig, lag für den Beitragsbescheid keine Rechtsgrundlage vor. Die Rechtsprechung sagt, daß aufgrund einer nichtigen Satzung zwar ein (später auch bestandskräftiger) Verwaltungsakt erlassen werden kann, jedoch die Fälligkeit des Beitrags nicht eintritt. Eine nicht fällige Leistung könne nicht verjähren, so daß die Verjährung erst zu laufen beginne, wenn eine neue wirksame Satzung in Kraft treten würde. Mit dem Grundsatz der Bestandskraft ist das schwer zu vereinen.*

3 Der öffentlich-rechtliche Vertrag
3.1 Allgemeines

Die häufigste, wichtigste und auch typischste Handlungsform der Verwaltung ist der Verwaltungsakt. Dennoch hat sich in den letzten Jahrzehnten der öffentlich-rechtliche Vertrag entwickelt. Seine Bedeutung liegt in Bereichen, in denen die öffentlichen Interessen der Verwaltung mit anderen öffentlichen Interessen anderer Verwaltungsträger oder auch den privaten Interessen von Beteiligten abgestimmt werden müssen. Der öffentlich-rechtliche Vertrag kann daher (nach seiner Idee) außergewöhnliche Fälle besser lösen und eine partnerschaftliche Zusammenarbeit der Beteiligten besser sichern als der Verwaltungsakt.

In der Praxis zeigt sich jedoch, daß die Verwaltung eine Gefahr für den einheitlichen und gleichmäßigen Verwaltungsvollzug sieht und öffentlich-rechtlichen Verträgen sehr zurückhaltend gegenübersteht. Größere Bedeutung haben öffentlich-rechtliche Verträge bei der Zusammenarbeit verschiedener öffentlich-rechtlicher Träger, Behörden und Körperschaften (z. B. Zweckverbände, Verträge zwischen Bundes- und Länderbehörden etc.).

Nachdem der öffentlich-rechtliche Vertrag im Verhältnis zwischen Bürger und Verwaltung keine entscheidende Rolle spielt, sind viele Zweifelsfragen noch nicht geklärt. Auf die hierdurch entstehenden schwierigen Abgrenzungsfragen soll zugunsten einer übersichtlichen Darstellung verzichtet werden.

3.2 Zulässigkeit und Formen des öffentlich-rechtlichen Vertrages

Sofern keine ausdrücklichen Rechtsvorschriften entgegenstehen, kann durch einen öffentlich-rechtlichen Vertrag ein öffentlich-rechtliches Rechtsverhältnis begründet, geändert oder aufgehoben werden. Die Behörde kann an Stelle eines Verwaltungsaktes einen öffentlich-rechtlichen Vertrag mit demjenigen schließen, an den sie sonst den Verwaltungsakt richten würde (§ 54 VwVfG).

Öffentlich-rechtliche Verträge können in zwei Grundformen abgeschlossen werden, nämlich als

▷ Vergleichsvertrag und als
▷ Austauschvertrag.

3.2.1 Der Vergleichsvertrag

Ein Vergleichsvertrag beseitigt eine bei verständiger Würdigung des Sachverhalts oder der Rechtslage tatsächlich bestehende Ungewißheit durch gegenseitiges Nachgeben; er ist zulässig, wenn die Behörde den Abschluß des Vergleichs zur Beseitigung der Ungewißheit nach pflichtgemäßem Ermessen für zweckmäßig hält (§ 55 VwVfG).

Die Ungewißheit der Sach- und Rechtslage kann sich auch auf die Frage beziehen, ob die Behörde überhaupt einen Verwaltungsakt erlassen dürfte oder der Bürger Anspruch auf einen Verwaltungsakt hätte. Die Unsicherheit kann sich ferner auf die Ermessensanwendung beziehen. Allerdings muß die Behörde den Vergleich nach ihrem Ermessen für zweckmäßig halten. Er ist also nicht möglich, wenn eine entsprechende Entscheidung durch Verwaltungsakt ganz sicher ermessensfehlerhaft wäre. Beide Parteien müssen gegenseitig nachgeben, worunter man jedes Abrücken von dem jeder Partei als günstigst denkbaren Ergebnis ansieht.

Kapitel 3   Das Verwaltungsverfahren

- *Ein Baugebiet ist einheitlich zweigeschoßig bebaut. In einer Baulücke, in der das Gelände stark abfällt, soll ein dreigeschoßiges Gebäude errichtet werden. Die Behörde ist der Auffassung, daß das Vorhaben sich nach § 34 Bundesbaugesetz nicht in die Eigenart der näheren Umgebung einfügt. Der Bauherr betont, daß die Firsthöhe seines Anwesens die Firsthöhe der übrigen Anwesen nicht überschreite und das zusätzliche Geschoß im wesentlichen durch den Hangabfall bedingt sei. Nachbareinwendungen liegen nicht vor. Behörde und Bauherr schließen einen Vergleich, wonach eine Tektur beantragt wird, in der das untere Geschoß zum Großteil so in den Hang gebaut wird, daß es nur in Richtung des Gefälles als Geschoß erkennbar ist. Juristisch kann ein solcher Vertrag nicht vollständig befriedigen, denn auf die Erteilung der Baugenehmigung besteht ein Rechtsanspruch. Bei dem Begriff „Einfügen in die Umgebung" handelt es sich um einen unbestimmten Rechtsbegriff, im Rechtsfolgenbereich besteht kein Ermessen, sondern gebundene Entscheidung (vgl. Kapitel 2, 2.2.5).*

3.2.2   Der Austauschvertrag

Bei einem öffentlich-rechtlichen Austauschvertrag verpflichtet sich der Vertragspartner der Behörde zu einer Gegenleistung. Der Austauschvertrag kann geschlossen werden, wenn die Gegenleistung für einen bestimmten Zweck im Vertrag vereinbart wird und der Behörde zur Erfüllung ihrer öffentlichen Aufgaben dient, wobei die Gegenleistung angemessen sein und auch im sachlichen Zusammenhang mit der vertraglichen Leistung der Behörde stehen muß (§ 56 VwVfG).

Wenn auf die Leistung der Behörde ein Rechtsanspruch besteht, kann nur eine Gegenleistung vereinbart werden, die die Behörde im Falle eines Verwaltungsaktes auch als Nebenbestimmung erlassen könnte (Befristung, Bedingung, Widerrufsvorbehalt, Auflage oder Auflagenvorbehalt; vgl. 2.5).

Öffentlich-rechtliche Austauschverträge sind nur unter sehr eingeschränkten Bedingungen zulässig und in der Praxis selten. Die wichtigste Einschränkung ist die Forderung nach einem **sachlichen Zusammenhang** zwischen der Gegenleistung des Bürgers und der vertraglichen Leistung der Behörde. Der Verdacht liegt häufig nahe, die Behörde wolle „Hoheitsrechte verkaufen", was von dem Sinn der Vorschriften hier durch die Rechtsprechung streng untersagt ist. Gegenleistung und Leistung der Behörde müssen demselben öffentlichen Interesse dienen.

- *Die Baugenehmigungsbehörde verlangt, daß für das Baugrundstück ein Garagenstellplatz nachgewiesen wird. Der Bauherr kann dies wegen des Zuschnitts des Grundstücks nicht. Es wird ein öffentlich-rechtlicher Vertrag geschlossen, wonach sich der Bauherr verpflichtet, als Gegenleistung für die Baugenehmigung an die betreffende Gemeinde einen Betrag zur Er-*

richtung öffentlicher Parkflächen zu bezahlen, wenn sichergestellt ist, daß diese in der Nähe seines künftigen Hauses errichtet werden.

- *Das bekannteste Beispiel für den unzulässigen „Verkauf von Hoheitsrechten" sind die Versuche verschiedener Gemeinden, mit Bauherren „Folgelasten-Verträge" abzuschließen. Dies geht manchmal soweit, daß Gemeinden die Bearbeitung des Baugesuchs (also die Weiterleitung an die Baugenehmigungsbehörde) davon abhängig machen, daß für die allgemeinen Folgelasten bestimmte Beträge bezahlt werden. Diese sollen der Finanzierung von Schul- und Kindergartenbauten sowie anderen Infrastrukturmaßnahmen dienen. Diese Verträge sind nur zulässig, wenn ein Bauträger ein gesamtes Baugebiet derartiger Größe erschließt, daß hierdurch auf die Gemeinde gesonderte neue Kosten für solche Maßnahmen zukommen. Bei Einzelbauvorhaben sind Folgelastenverträge immer unzulässig, da kein sachlicher Zusammenhang zwischen der Erteilung des gemeindlichen Einvernehmens nach dem Bundesbaugesetz und der geforderten Zahlung besteht. Die geforderte Gegenleistung könnte niemals als Nebenbestimmung der Baugenehmigung erlassen werden. Der Nachfolgelasten-Vertrag ist sogar nichtig, bezahlte Leistungen müssen zurückerstattet werden (sofern der Erstattungsanspruch nicht verjährt ist), noch offene Leistungen müssen nicht bezahlt werden.*

3.2.3 Der nichtige Vertrag

Ein öffentlich-rechtlicher Vertrag ist auf jeden Fall nichtig, wenn sich dies aus der entsprechenden Anwendung der Vertragsvorschriften des Bürgerlichen Gesetzbuches ergibt.

Darüber hinaus ist ein öffentlich-rechtlicher Vertrag in folgenden Fällen nichtig (§ 59 VwVfG):

▷ Ein Verwaltungsakt mit entsprechendem Inhalt wäre nichtig.
▷ Ein Verwaltungsakt mit entsprechendem Inhalt wäre nicht nur wegen eines Verfahrens- oder Formfehlers rechtswidrig und dies ist den Vertragschließenden bekannt.
▷ Die Voraussetzungen zum Abschluß eines Vergleichsvertrages liegen nicht vor, und ein Verwaltungsakt mit entsprechendem Inhalt wäre nicht nur wegen eines Verfahrens- oder Formfehlers nichtig.
▷ Die Behörde läßt sich eine nach § 56 VwVfG unzulässige Gegenleistung versprechen.

- *Nachfolgelastenvertrag*

Betrifft die Nichtigkeit nur Vertragsteile, so ist der Vertrag gänzlich nichtig, wenn er ohne den nichtigen Teil nicht geschlossen worden wäre. Aus dem Bürgerlichen Gesetzbuch ergibt sich die Nichtigkeit bei Verstoß gegen ein gesetzliches Verbot oder aus der Sittenwidrigkeit. Ferner sind Verträge nichtig, die einen Vertragspartner zu einer tatsächlich unmöglichen Leistung verpflichten.

! Verwaltungsrechtliche Verträge können nur nichtig, nicht aber rechtswidrig sein; dies ergibt sich aus dem Vertragscharakter. Eine Bestandskraft im Sinne eines Verwaltungsaktes ist dem Vertrag fremd.

3.3 Formvorschriften

Öffentlich-rechtliche Verträge müssen schriftlich geschlossen werden, soweit nicht durch Rechtsvorschriften eine andere Form vorgeschrieben ist (§ 57 VwVfG).

Der Vertragstext muß in eine Urkunde aufgenommen und von allen Vertragspartnern unterschrieben werden. Andere Rechtsvorschriften sehen niemals geringere Formen, sondern nur weitergehende Formen (z.B. notarielle Beurkundung) vor. Mündliche öffentlich-rechtliche Verträge sind nicht möglich.

Greift ein öffentlich-rechtlicher Vertrag in Rechte eines Dritten ein, bedarf er der Zustimmung des Dritten. Wird statt eines Verwaltungsaktes, für den eine andere Behörde die Genehmigung, Zustimmung oder das Einvernehmen erteilen muß, ein öffentlich-rechtlicher Vertrag geschlossen, so wird dieser erst mit der entsprechenden Mitwirkung der anderen Behörde wirksam (§ 58 VwVfG).

Öffentlich-rechtliche Verträge können ebenso wie Verwaltungsakte Doppelwirkung haben:

- *Ein Vergleichsvertrag, mit dem die Bebauung eines Grundstücks zwischen Genehmigungsbehörde und Bürger geregelt wird, kann unter Umständen den Nachbarn in seinen Rechten verletzen. Stimmt der Nachbar nicht zu, muß der Vergleich, der die Baugenehmigung beinhaltet, dem Nachbarn zugestellt werden. Diesem gegenüber hat er Verwaltungsaktnatur und kann angefochten werden.*

3.4 Die Anpassung und Kündigung des öffentlich-rechtlichen Vertrages in besonderen Fällen

Öffentlich-rechtliche Verträge gehen von bestimmten tatsächlichen und rechtlichen Voraussetzungen aus, die sich im Laufe der Zeit ändern kann. Dies wird juristisch „Geschäftsgrundlage" genannt, die sich später ändern oder wegfallen kann. Hier gibt es Anpassungs- und Kündigungsmöglichkeiten:

Wenn sich die Verhältnisse, die für den Vertragsinhalt maßgebend waren, seit Vertragsabschluß so wesentlich geändert haben, daß einer Vertragspartei das Festhalten an der ursprünglichen Regelung unzumutbar

ist, so kann die Vertragspartei eine Anpassung des Vertragsinhalts an die geänderten Verhältnisse verlangen oder den Vertrag kündigen, wenn eine solche Anpassung nicht möglich oder einer Vertragspartei nicht zumutbar ist. **Die Behörde kann den Vertrag im übrigen auch kündigen, um schwere Nachteile für das Gemeinwohl zu verhüten oder zu beseitigen (§ 60 VwVfG).**

Die Kündigung bedarf der Schriftform, soweit nicht eine weitergehende Form (z. B. notarielle Urkunde) vorgeschrieben ist. Die Kündigung soll begründet werden.

Die eingetretenen Änderungen können im Bereich der tatsächlichen Voraussetzungen des Vertragsschlusses (Änderungen des Preis- und Kostenniveaus, neue naturwissenschaftliche oder medizinische Erkenntnisse), als auch in Rechtsänderungen liegen. Ob **Rechtsprechungsänderungen** hierzu zählen, ist umstritten und ungeklärt.

Geringfügige Änderungen geben kein Recht auf Anpassung oder Kündigung.

Die Anpassung ist eine neue vertragliche Vereinbarung für die Zukunft. Ist dies nicht möglich, wird gekündigt. Die Kündigung wirkt unmittelbar mit dem Zugehen an den Vertragspartner für die **Zukunft.**

Der Behörde steht ein besonderes Kündigungsrecht zur Verhütung oder Beseitigung schwerer Nachteile für das Gemeinwohl zu, wenn eine zumutbare Anpassung des Vertrages nicht möglich ist.

4 Besondere Verfahrensarten

Verwaltungsverfahren sind grundsätzlich nichtförmlich (§ 10 VwVfG, vgl. 1.3). Für Bereiche, in denen die Entscheidung der Verwaltung schwerwiegende Eingriffe in die Rechte des Bürgers enthalten kann oder für die sich besondere verfahrensrechtliche Probleme ergeben, bietet das Verwaltungsverfahrensgesetz besondere Verfahrensarten an:

▷ Das förmliche Verwaltungsverfahren und
▷ das Planfeststellungsverfahren.

Der Gesetzgeber muß in Vorschriften des Besonderen Verwaltungsrechts bestimmen, daß z. B. das förmliche Verwaltungsverfahren oder das Planfeststellungsverfahren zur Anwendung kommen soll. Bereits vorhandene Vorschriften über förmliche Verwaltungsverfahren oder Planfeststellungsverfahren sollen den Vorschriften des Verwaltungsverfahrensgesetzes angeglichen werden (z. B. Planfeststellung nach dem Bundesfernstraßengesetz, wasserrechtliche Planfeststellung etc.).

Kapitel 3   Das Verwaltungsverfahren

4.1   Das förmliche Verwaltungsverfahren

Das förmliche Verfahren unterscheidet sich vom allgemeinen Verwaltungsverfahren durch erweiterte Rechte der Beteiligten, durch eine mündliche Verhandlung und insgesamt strengere Verfahrensformen. Es ist zulässig, wenn eine Rechtsvorschrift das förmliche Verfahren anordnet.

Will die Behörde bei gleichförmigen Eingaben oder Anträgen den Vertreter für gleichförmige Eingaben nach § 17 bestellen lassen oder hierzu auffordern, muß sie die entsprechenden Aufforderungen öffentlich bekanntmachen. Eine lediglich ortsübliche Bekanntmachung genügt nicht (vgl. 1.5). Die öffentliche Bekanntmachung erfolgt, indem die Behörde die Mitteilung oder die Aufforderung in ihrem amtlichen Veröffentlichungsblatt und außerdem in örtlichen Tageszeitungen des betroffenen Bereiches bekanntmacht.

Sofern in einem förmlichen Verwaltungsverfahren ein Antrag zu stellen ist, muß dieser schriftlich oder zur Niederschrift der Behörde gestellt werden (§ 64 VwVfG).

Ein schriftlicher Antrag, der nicht zur Niederschrift der Behörde gestellt wird, muß in einem Schreiben enthalten und von dem Antragsteller oder seinem Bevollmächtigten handschriftlich unterzeichnet sein. Die Antragstellung auf Formblättern darf die Behörde nur verlangen, wenn dies gesetzlich vorgeschrieben ist. Ansonsten muß sie auch bei Vorliegen von Formblättern anderslautende handschriftliche Anträge gelten lassen.

!   Auch eine fernschriftliche oder telegraphische Antragstellung ist möglich, was vor allem bei drohendem Fristablauf bei einer ortsfremden Behörde wichtig ist. Das Aufgabetelegramm muß aber handschriftlich unterzeichnet sein. Dagegen ist eine **telefonische** Antragstellung nach Auffassung der Rechtsprechung nicht ausreichend.

Anträge müssen nicht gesondert begründet werden, sie müssen inhaltlich lediglich verständlich sein. Bei unklaren oder unverständlichen Anträgen muß die Behörde entsprechende richtigstellende Erklärungen anregen.

Im förmlichen Verwaltungsverfahren sind Zeugen und Sachverständige zur Aussage und Gutachtenserstattung verpflichtet. Verweigern sie die Aussage, kann diese über das Verwaltungsgericht oder das Amtsgericht gegebenenfalls durch Beugehaft erzwungen werden. Das Verwaltungs- oder Amtsgericht kann auch um eine Beeidigung von Zeugen und Sachverständigen ersucht werden.

Im förmlichen Verwaltungsverfahren ist den Beteiligten immer Gelegenheit zu geben, sich vor der Entscheidung zu äußern. Sie müssen ferner die Möglichkeit haben, der Vernehmung von Zeugen oder Sachverständigen oder einer Augenscheinseinnahme beizuwohnen und hierbei auch Fragen zu stellen. Schriftliche

Gutachten müssen ihnen zugänglich gemacht werden (§ 66 VwVfG). Der allgemeine Anhörungsgrundsatz des § 80 VwVfG (vgl. 7.5) ist verschärft. Die dort möglichen Einschränkungen (z.B. bei Gefahr oder besonderer Eile) gelten im förmlichen Verfahren nicht.

Grundsätzlich ist eine mündliche Verhandlung durchzuführen (§ 67 VwVfG).

Zur Verhandlung müssen die Beteiligten unter angemessener Frist schriftlich geladen werden. Es kann auch bei ihrem Ausbleiben verhandelt und entschieden werden, worauf hinzuweisen ist. Wenn mehr als 300 Ladungen erfolgen müssen, können sie durch öffentliche Bekanntmachung ersetzt werden. Diese muß mindestens zwei Wochen vor der mündlichen Verhandlung im amtlichen Veröffentlichungsblatt der Behörde und in den örtlichen Tageszeitungen des Bereiches erfolgen.

Vor der mündlichen Verhandlung soll die Behörde das Verfahren so vorantreiben, daß möglichst nur eine mündliche Verhandlung stattfinden muß.

Eine mündliche Verhandlung findet ausnahmsweise nicht statt, wenn

▷ einem Antrag im Einvernehmen mit allen Beteiligten in vollem Umfang entsprochen wird,
▷ kein Beteiligter innerhalb einer hierfür gesetzten Frist Einwendungen gegen die vorgesehene Maßnahme erhoben hat,
▷ die Behörde den Beteiligten mitgeteilt hat, daß sie beabsichtigt, ohne mündliche Verhandlung zu entscheiden und hiergegen kein Beteiligter innerhalb angemessener Frist Einwendungen erhoben hat,
▷ alle Beteiligten auf eine mündliche Verhandlung verzichtet haben,
▷ wegen Gefahr im Verzug eine sofortige Entscheidung notwendig ist.

Die mündliche Verhandlung ist nicht öffentlich (§ 68 Abs. 1 VwVfG).

An der Verhandlung können weder Presse noch sonstige Interessierte, sondern nur die Beteiligten des Verwaltungsverfahrens teilnehmen. Dritten Personen kann die Anwesenheit gestattet werden, wenn niemand widerspricht.

Der Verhandlungsleiter erörtert den Verfahrensgegenstand mit den Beteiligten und wirkt darauf hin, daß unklare Anträge erläutert, ungenügende Angaben ergänzt und sachdienliche Anträge gestellt werden. Die Erörterung bezieht sich nicht nur auf tatsächliche, sondern auch auf rechtliche Verfahrensfragen.

! Nimmt ein Laie an einem solchen Termin teil, sollte er sich zuvor über die tatsächlichen Fragen des Verwaltungsverfahrens gegebenenfalls durch Akteneinsicht informieren, vor allem aber die einschlägigen Vorschriften des Besonderen Verwaltungsrechts genau studieren und falls nötig, sachkundigen Rat einholen.

Kapitel 3 Das Verwaltungsverfahren

Der Verhandlungsleiter ist für die Ordnung verantwortlich und kann Personen, die seine Anordnungen nicht befolgen, entfernen lassen. Von den entfernten Personen müssen Störungen der Ordnung ausgegangen sein, die auch nach Ermahnung nicht unterlassen wurden. Das bloße Stellen unbequemer Fragen rechtfertigt eine Entfernung von der Verhandlung nicht.

Über die Verhandlung muß eine Niederschrift angefertigt werden, die neben den Orts- und Zeitfeststellungen auch die erschienenen Beteiligten, den Verfahrensgegenstand, die gestellten Anträge und den wesentlichen Inhalt von Erklärungen, Zeugen- und Sachverständigenaussagen, widergibt.

Die Behörde entscheidet unter Würdigung des Gesamtergebnisses des Verfahrens (§ 69 Abs. 1 VwVfG).

Die Behörde ist bei der Beweiswürdigung frei. Sie muß im förmlichen Verwaltungsverfahren den das Verfahren abschließenden Verwaltungsakt schriftlich erlassen und begründen. Der Verwaltungsakt muß zugestellt werden.

Die Begründung kann lediglich entfallen, wenn einem Antrag entsprochen wird und die Entscheidung nicht in Rechte Dritter eingreift oder gleichartige Verwaltungsakte großer Zahl z. B. mit Hilfe elektronischer Datenverarbeitung erlassen werden und die Begründung nach den Umständen des Einzelfalles nicht geboten ist.

Ist die Entscheidung an mehr als 300 Beteiligte zuzustellen, kann sie (ohne ausführliche Begründung) mit Rechtsbehelfsbelehrung öffentlich bekanntgemacht werden.

❗ Die für die Rechtsmittel wichtige Zustellung gilt zwei Wochen nach dem Tag der Bekanntmachung als erfolgt, worauf in der Bekanntmachung hinzuweisen ist. Bis zum Ablauf der Rechtsbehelfsfrist, die ebenfalls in der Bekanntmachung enthalten sein muß, können die Beteiligten Rechtsmittel ergreifen.

Gegen Verwaltungsakte im förmlichen Verfahren ist ausschließlich die verwaltungsgerichtliche Klage möglich; ein Widerspruchsverfahren vor der Widerspruchsbehörde findet nicht statt (§ 70 VwVfG).

4.2 Das Planfeststellungsverfahren

4.2.1 Allgemeines

Oftmals berühren behördliche oder private Bauvorhaben besonders intensiv die Rechte der Beteiligten oder sie erfordern das Zusammenwirken vieler Behörden. In diesen Fällen hat der Gesetzgeber häufig das Planfeststellungsverfahren vorgesehen, in dem zu dem Plan alle beteiligten Behörden und Privatpersonen angehört und anschließend durch Beschluß über den Plan entschieden, der Plan „festgestellt" wird.

Ein Planfeststellungsverfahren ist ein besonderes förmliches Verwaltungsverfahren, mit dem durch Verwaltungsakt die Rechtsverhältnisse geregelt werden, die durch ein bestimmtes Vorhaben gemäß den festzustellenden Plänen betroffen werden. Die Planfeststellung ersetzt alle anderen sonst erforderlichen Genehmigungen für das Vorhaben und kann grundsätzlich auch spätere Unterlassungsansprüche zivilrechtlicher Art ausschließen.

Die Vorschriften des Planfeststellungsverfahrens sind auf Planungen nur anzuwenden, wenn dies durch Rechtsvorschrift vorgesehen ist. Ein Wiederaufgreifen eines abgeschlossenen Planfeststellungsverfahrens ist nicht möglich (möglicherweise haben die Betroffenen aber Ansprüche auf Rücknahme und Widerruf des Planfeststellungsbeschlusses gemäß §§ 48, 49 VwVfG, wenn jede andere Entscheidung ermessensfehlerhaft wäre, vgl. 2.12, 2.13). Im Planfeststellungsverfahren ist die Akteneinsicht insofern eingeschränkt, als die Behörde über die Gewährung von Akteneinsicht nach pflichtgemäßem Ermessen entscheidet. Die Behörde darf die Akteneinsicht aber nur in besonders schwerwiegenden Fällen verweigern, wenn ansonsten das Verfahren über Gebühr belastet würde.

Bei Masseneingaben im Planfeststellungsverfahren müssen die Aufforderungen zur Bestellung gemeinsamer Vertreter für gleichförmige Anträge und Eingaben öffentlich bekanntgemacht werden. Dies entspricht den Bestimmungen zum förmlichen Verwaltungsverfahren (vgl. 4.1).

Das Planfeststellungsverfahren gliedert sich in das

▷ Anhörungsverfahren und den
▷ Planfeststellungsbeschluß.

4.2.2 Das Anhörungsverfahren

Die Anhörungsbehörde erhält den Plan vom Bauträger des Vorhabens einschließlich aller Erläuterungen, die das Vorhaben, seinen Anlaß und die betroffenen Grundstücke und Beteiligten erkennen lassen. Die Anhörungsbehörde holt die Stellungnahmen der betroffenen Behörden ein, da das Planfeststellungsverfahren alle anderen behördlichen Genehmigungen einschließt, also auch solche, für die eigentlich dritte Behörden zuständig wären.

- *Für die neue Startbahn eines Flughafens ist ein Planfeststellungsverfahren nach dem Luftverkehrsgesetz erforderlich, das alle anderen behördlichen Erlaubnisse und Genehmigungen (z. B. wasserrechtliche Erlaubnis für die Regenwasserentwässerung in das Grundwasser) ersetzt.*

Kapitel 3   Das Verwaltungsverfahren

Der Plan ist in den Gemeinden, in denen sich das Vorhaben auswirken kann, einen Monat zur Einsicht auszulegen.

Jeder Beteiligte, dessen Belange durch das Vorhaben berührt werden, kann bis zu zwei Wochen nach Ablauf der Auslegungsfrist oder innerhalb der von der Behörde bestimmten Einwendungsfrist schriftlich oder zur Niederschrift der Anhörungsbehörde oder bei der Gemeinde Einwendungen gegen den Plan erheben (§ 73 Abs. 4 VwVfG).

„In seinen Belangen berüht" wird, wessen Rechte oder rechtliche Interessen berührt werden können. Es genügt die **Möglichkeit** einer Interessenberührung.

- *Eine Bundesfernstraße wird in mehreren Teilabschnitten geplant. Das Ende jedes Ausbauabschnitts bestimmt zwangsläufig, wo die Trasse im nächsten Bauabschnitt weitergeführt wird. Hier kann sich ein Zwangspunkt ergeben, da sich die Behörde bei der nächsten Teilplanung darauf berufen würde, die Trasse müsse an den gebauten Abschnitt Anschluß finden. Es wird auch die Meinung vertreten, es gäbe solche „Zwangspunkte" nicht: Sofern die Behörde den Weg der Teilplanfeststellung wähle, sei es ihr Risiko, ob sie weiterbauen könne.*

! Betroffene sollten sich niemals von derartigen Äußerungen abhalten lassen, die Einwendungen vorzubringen, die sie für berechtigt halten. Die Gefahr, daß in der Rechtsprechung dann doch die Zulässigkeit von Zwangspunkten anerkannt wird, ist zu groß.

Bei der Geltendmachung der Einwendungen ist die Einwendungsfrist zu beachten (von der Auslegung bis zu zwei Wochen nach Ablauf der Auslegung), die von der Gemeinde mindestens eine Woche vorher ortsüblich bekanntgemacht werden muß. Bei dieser Bekanntmachung ist auch auf alle Formalitäten (Fristen etc.) hinzuweisen.

Nach Ablauf der Einwendungsfrist muß die Anhörungsbehörde einen Erörterungstermin veranstalten, in dem sie rechtzeitig erhobene Einwendungen erörtern muß, verspätet erhobene Einwendungen erörtern kann.

! Es ist keineswegs sinnlos, Einwendungen nach Ablauf der Einwendungsfrist vorzubringen. Der betroffene Beteiligte hat zwar kein Recht, daß verspätete Einwendungen von der Behörde erörtert werden, die Einwendungen sind im weiteren Verfahren aber nicht ausgeschlossen. Sie können sogar noch in der verwaltungsgerichtlichen Klage geltend gemacht werden, sofern nicht ausnahmsweise dies in besonderen Regelungen ausgeschlossen ist.

- *Bei einer Planfeststellung nach dem Bundesfernstraßengesetz sind verspätete Einwendungen nicht ausgeschlossen. Die Behörde sollte sie also zulassen, da sie auch im verwaltungsgerichtlichen Verfahren noch erhoben werden können.*

Ist ausnahmsweise durch besondere gesetzliche Regelung eine verspätete Einwendung ausgeschlossen, muß hierauf in der Bekanntmachung der Einwendungsfrist hingewiesen werden.

Der **Erörterungstermin** ist mindestens eine Woche vorher ortsüblich bekanntzugeben. Die Einwendungsführer müssen von dem Erörterungstermin benachrichtigt werden. Sind mehr als 300 Benachrichtigungen vorzunehmen, kann die Benachrichtigung im amtlichen Veröffentlichungsblatt und in den örtlichen Tageszeitungen bekanntgemacht werden. Für die Durchführung der Erörterung gelten die Vorschriften über die mündliche Verhandlung im förmlichen Verwaltungsverfahren entsprechend (vgl. 4.1).

Soll ein bereits ausgelegter Plan geändert werden und werden dadurch der Aufgabenbereich einer Behörde oder Belange Dritter erstmalig oder stärker als bisher berührt, so muß diesen die Änderung mitgeteilt und ihnen erneut Gelegenheit zur Stellungnahme und Einwendung gegeben werden. Wirkt sich die Änderung auf das Gebiet einer anderen Gemeinde aus, muß der geänderte Plan nun dort erneut ausgelegt werden. Sofern die Anhörungsbehörde nicht selbst auch Planfeststellungsbehörde ist, muß sie das Ergebnis des Anhörungsverfahrens einschließlich der Erörterung mit einer Stellungnahme an die Planfeststellungsbehörde abgeben.

4.2.3 Der Planfeststellungsbeschluß

Die Planfeststellungsbehörde stellt den Plan durch den Planfeststellungsbeschluß fest. Für die Entscheidung gelten die Vorschriften über die Entscheidung im förmlichen Verwaltungsverfahren entsprechend. Der Planfeststellungsbeschluß kann nur mit der verwaltungsgerichtlichen Klage angefochten werden, das Widerspruchsverfahren entfällt, ein dennoch erhobener Widerspruch wäre unzulässig (§§ 74, 70 VwVfG).

Im Planfeststellungsbeschluß entscheidet die Behörde über die Einwendungen, die im Erörterungstermin aufrechterhalten wurden.

Im Planfeststellungsbeschluß muß die Behörde dem Träger des Vorhabens „Vorkehrungen oder die Errichtung und Unterhaltung von Anlagen" auferlegen, die zum Wohl der Allgemeinheit oder zur Vermeidung nachteiliger Wirkungen auf Rechte anderer erforderlich sind. Sind solche Vorkehrungen oder Anlagen unzweckmäßig oder mit dem Vorhaben nicht vereinbar, so hat der Betroffene Anspruch auf angemessene Entschädigung in Geld (§ 74 Abs. 2 VwVfG).

Die Möglichkeit derartiger Schutzvorkehrungen ist der wichtigste Teil des Planfeststellungsbeschlusses, da hierdurch die unterschiedlichen Interessen vieler Beteiligter zum Ausgleich gebracht werden sollen.

- *Lärmschutzwälle, Lärmschutzmauern, Bepflanzungen etc.*

Kapitel 3 Das Verwaltungsverfahren

Die Behörde ist aber nicht berechtigt, inhaltliche Änderungen des Planfeststellungsantrags vorzunehmen: Sie darf beispielsweise also nicht aus Lärmschutzgründen eine oberirdische Straße tiefer legen und unterirdisch führen lassen. Hier kann sie lediglich den Planungsträger zur Umplanung auffordern oder die Planfeststellung ablehnen.

Wären derartige Auflagen unzumutbar, würden sie also z. B. unverhältnismäßig hohe Kosten erfordern oder sind sie technisch unmöglich, hat der Betroffene Anspruch auf Entschädigung. Diese ist auf entsprechenden Antrag des Betroffenen von der Planfeststellungsbehörde festzusetzen.

In Einzelfällen kann die Planfeststellungsbehörde auch Teile eines Planes feststellen und sich die abschließende Entscheidung für später vorbehalten.

Die **Zustellung** des Planfeststellungsbeschlusses erfolgt an den Träger des Vorhabens, die bekannten Betroffenen und diejenigen, über deren Einwendungen entschieden worden ist. Ferner muß eine Ausfertigung des Planfeststellungsbeschlusses mit Rechtsbehelfsbelehrung und einer Ausfertigung des Plans in den betroffenen Gemeinden zwei Wochen zur Einsicht ausgelegt werden. Ort und Zeit der Auslegung sind wiederum ortsüblich bekanntzumachen. Mit dem Ende der Auslegungsfrist gilt der Beschluß als zugestellt, worauf in der Bekanntmachung hinzuweisen ist. Bei Massenverfahren mit mehr als 300 Zustellungen kann die Zustellung durch öffentliche Bekanntmachung des Beschlusses (ohne ausführliche Begründung), der Rechtsbehelfsbelehrung und des Hinweises auf die Auslegung in den Gemeinden im Veröffentlichungsblatt der Behörde und in den örtlichen Tageszeitungen vorgenommen werden.

Nach einer öffentlichen Bekanntmachung kann der Planfeststellungsbeschluß bis zum Ablauf der Rechtsmittelfrist (ein Monat) für die Klage zum Verwaltungsgericht von den Betroffenen und von den Einwendungsführern schriftlich angefordert werden. Hierauf muß in der Bekanntmachung ebenfalls hingewiesen werden.

4.2.4 Die Wirkungen der Planfeststellung

Die Wirkungen der Planfeststellung sind:

▷ Die Feststellung der Zulässigkeit der vom Plan dargestellten Vorhaben im Hinblick auf die öffentlichen Belange.

▷ Die Ersetzung aller nach anderen Rechtsvorschriften erforderlichen Genehmigungen (Konzentrationswirkung).

▷ Die Gestaltung aller öffentlich-rechtlichen Rechtsbeziehungen zwischen dem Träger des Vorhabens und den durch den Plan betroffenen Beteiligten (Rechtsgestaltungswirkung).

▷ Der Ausschluß von sonst nach bürgerlichem Recht in Betracht kommenden Unterlassungs-, Änderungs- und Beseitigungsansprüchen (Sicherungs- und Duldungswirkung).

Vor allem die Sicherungs- und Duldungswirkung ist für die Beteiligten wichtig: Sie bezieht sich nur auf Unterlassungs-, Änderungs- und Beseitigungsansprüche, nicht aber auf andere zivilrechtliche Ansprüche, die Planfeststellung gibt z. B. kein Recht auf die Benutzung eines fremden Grundstücks o. ä.

Sie kann allerdings in Fällen, in denen z. B. fremde Grundstücke benötigt werden, Grundlage für ein **Enteignungsverfahren** sein. Die Planfeststellung enteignet den Beteiligten nicht, der Träger kann aber die Durchführung eines Enteignungsverfahrens beantragen, wobei im Enteignungsverfahren die Wirksamkeit des festgestellten Planes nicht mehr bestritten werden kann (außer es ist Klage erhoben).

- *Beim Bau einer neuen Wasserstraße wird ein wasserrechtliches Planfeststellungsverfahren durchgeführt. Das Grundstück eines Betroffenen wird nach dem Bau eines Dammes von Wasser bedeckt sein. Der Planfeststellungsbeschluß nimmt das Grundstück des Betroffenen nicht in Beschlag, allerdings bildet er die Grundlage eines Enteignungsverfahrens, sobald er bestandskräftig ist.*

Treten nach Unanfechtbarkeit des Planfeststellungsbeschlusses nicht voraussehbare Wirkungen des Vorhabens oder des Baues auf Rechte Dritter auf, kann der Betroffene Vorkehrungen oder die Errichtung und Unterhaltung von Anlagen verlangen, die die nachteiligen Wirkungen ausschließen (§ 75 Abs. 2 Satz 2 VwVfG). Voraussetzung ist, daß die Beeinträchtigung nicht bereits vor Eintritt der Unanfechtbarkeit voraussehbar war: Hat der Betroffene trotz Vorhersehbarkeit keine Rechtsmittel ergriffen, ist der Planfeststellungsbeschluß bestandskräftig (mag er auch rechtswidrig sein). Der Betroffene hat dann nur die Möglichkeit, ganz oder teilweise die Rücknahme oder den Widerruf des Planfeststellungsbeschlusses gemäß §§ 48, 49 VwVfG zu beantragen, worüber nach pflichtgemäßem Ermessen zu entscheiden ist (vgl. 2.12, 2.13).

Sind bei nachträglichen Beeinträchtigungen derartige Vorkehrungen unzweckmäßig oder mit dem Vorhaben unvereinbar, besteht nur ein Anspruch auf Geldentschädigung.

Werden nachträgliche Vorkehrungen notwendig, weil nach Abschluß des Planfeststellungsverfahrens auf einem Nachbargrundstück Veränderungen eingetreten sind, die nicht durch höhere Gewalt oder Naturereignisse bedingt sind, muß die Kosten der nachträglichen Vorkehrungen der Eigentümer des Nachbargrundstückes tragen (§ 75 Abs. 2 Satz 5 VwVfG).

Kapitel 3   Das Verwaltungsverfahren

! Ein Antrag auf nachträgliche Vorkehrungen oder Entschädigung muß schriftlich innerhalb von **drei Jahren** an die Planfeststellungsbehörde gerichtet werden, nachdem der Betroffene Kenntnis von den nachteiligen Wirkungen erhalten hat (tatsächliche Kenntnis, Kennenmüssen genügt nicht). Unabhängig hiervon sind Anträge ausgeschlossen, wenn nach Herstellung des vom Plan festgestellten Vorhabens 30 Jahre verstrichen sind.

Ein Planfeststellungsbeschluß tritt außer Kraft, wenn mit der Durchführung des Planes nicht innerhalb von fünf Jahren nach Eintritt der Unanfechtbarkeit **begonnen** wird. Die Unanfechtbarkeit tritt einen Monat nach Ende der Auslegungsfrist des Beschlusses ein, sofern keine Klagen zum Verwaltungsgericht erhoben werden. Anderenfalls tritt die Unanfechtbarkeit mit Abschluß des verwaltungsgerichtlichen Verfahrens ein.

Sofern vor Fertigstellung des Vorhabens der festgestellte Plan geändert werden soll, ist ein neues Planfeststellungsverfahren durchzuführen. Dies kann entfallen, wenn die Planänderung von unwesentlicher Bedeutung ist, die Belange anderer nicht berührt werden oder wenn die Betroffenen der Änderung zugestimmt haben.

Die Behörde hat die Möglichkeit, bei Planänderungen von unwesentlicher Bedeutung zwar ein Planfeststellungsverfahren durchzuführen, jedoch auf das Anhörungsverfahren und die öffentliche Bekanntgabe des Planfeststellungsbeschlusses zu verzichten (vereinfachtes Planfeststellungsverfahren).

Unwesentlich ist eine Planänderung nur, wenn der Umfang und der Zweck des Vorhabens gleich bleiben und größere Auswirkungen auf die Umgebung als bisher mit Sicherheit ausgeschlossen sind.

Wurde mit der Verwirklichung eines Vorhabens begonnen, das Vorhaben aber anschließend endgültig aufgegeben, muß die Planfeststellungsbehörde den Planfeststellungsbeschluß aufheben (§ 77 VwVfG).

Sie muß dem Träger des Vorhabens die Wiederherstellung des früheren Zustands oder geeignete andere Maßnahmen auferlegen, wenn dies zum Wohl der Allgemeinheit oder zur Vermeidung nachteiliger Wirkungen auf Rechte anderer erforderlich ist. Gleiches gilt für Vorhaben, mit denen nach Unanfechtbarkeit des Planfeststellungsbeschlusses innerhalb von fünf Jahren nicht begonnen wurde.

Durch die Pflicht zur Wiederherstellung des ursprünglichen Zustands (Rekultivierung) soll sichergestellt werden, daß begonnene Vorhaben nicht als Bauruinen die Landschaft verunstalten.

- Ein Kiesunternehmen hat einen Planfeststellungsbeschluß erhalten, auf einer Reihe eigener Grundstücke Kies auszubeuten und anschließend einen begrünten Baggersee anzulegen. Das Unternehmen gibt das Vorhaben auf, nachdem es bereits an einer Stelle eine größere Grundwasserfläche freigelegt, an anderer Stelle aber lediglich tiefe Krater geschaffen hat. Die Behörde muß den Planfeststellungsbeschluß aufheben. Hinsichtlich der Krater wird sie eine Auffüllung mit gewässerunschädlichem Material verlangen. Bezüglich des Baggersees besteht die Möglichkeit, eine Verfüllung mit gewässerunschädlichem Material und Begrünung oder eine einwandfreie Gestaltung der Ufer für die Nutzung als Badesee zu verlangen. Die Behörde hat die Auswahl nach pflichtgemäßem Ermessen. Bei der Belassung des Sees muß die Behörde auch berücksichtigen, ob auf Dauer die Instandhaltung und Sicherung der Uferanlagen gewährleistet ist.

5 Fristen und Termine, Rechtsbehelfsbelehrungen und Wiedereinsetzung

5.1 Fristen und Termine

Im Verwaltungsverfahren sind häufig Fristen oder behördliche Termine zu beachten. Wegen der mit dem Ablauf von Anfechtungsfristen eintretenden Bestandskraft von Verwaltungsakten oder der möglichen Wirkung von Ausschlußfristen für die Geltendmachung persönlicher Rechte müssen die Vorschriften über Fristen und Termine genau beachtet werden.

▷ Eine **Frist** ist ein Zeitraum, innerhalb dessen Anträge gestellt oder Verfahrenshandlungen vorgenommen werden können oder müssen. Fristen können im entsprechenden Gesetz geregelt sein, sie können auch von den Behörden festgesetzt werden. Die wichtigsten Fälle gesetzlicher Fristen sind die **Anfechtungsfristen,** also die **Widerspruchsfrist** von einem Monat gegen Verwaltungsakte oder deren Ablehnung und die **Klagefrist** von einem Monat gegen den im Widerspruchsverfahren ergehenden Widerspruchsbescheid.

! Fristen werden nur gewahrt, wenn das entsprechende Schriftstück rechtzeitig **bei der Behörde bzw. bei Gericht eingegangen ist.** Auf das Datum der Absendung kommt es **nicht** an.

Sollte der Postlauf aber ungewöhnlich lange dauern, ist dies ein Wiedereinsetzungsgrund (vgl. 5.3).

▷ **Termine** werden von einer Behörde oder dem Gesetz festgesetzte Zeitpunkte für ein gemeinsames Handeln der Behörde und der Beteiligten, Sachverständigen, Zeugen etc. genannt (Anhörungstermin, Erörterungstermin, Beweisaufnahmetermin).

Kapitel 3 Das Verwaltungsverfahren

Die im Verwaltungsverfahren geltenden Fristen werden nach den Vorschriften des Bürgerlichen Gesetzbuches berechnet.
Bei der Berechnung der Rechtsmittelfristen (Widerspruch und Klage) ist demnach der Tag der Bekanntgabe eines Verwaltungsaktes nicht mitzuzählen.
Bei der Berechnung von Bekanntmachungsfristen (z. B. öffentliche Bekanntmachung und daraus folgende Anfechtungsfristen) wird der Tag der Bekanntmachung nicht mitgezählt.
Bei der Berechnung von Auslegungsfristen zählt der Tag, an dem die Auslegung erfolgt, mit.

- *Wird ein Verwaltungsakt am 13. Mai bekanntgegeben, endet die Widerspruchsfrist am 13. Juni um 24.00 Uhr, da die Widerspruchsfrist einen Monat beträgt und der 13. Mai nicht mitgezählt wird.*
- *Wird ein Bebauungsplan ab dem 21. Mai für die Dauer eines Monats zur öffentlichen Einsichtnahme ausgelegt, endet die Auslegungsfrist mit Ablauf der Dienststunden am 20. Juni. Da innerhalb dieser Frist Bedenken und Anregungen vorgebracht werden können, muß hierauf in der Bekanntmachung der öffentlichen Einsichtsmöglichkeit hingewiesen werden. Auch der Lauf einer Frist, die von einer Behörde gesetzt wird (z. B. Stellungnahmefrist), beginnt mit dem Tag, der auf die Bekanntgabe der Frist folgt, sofern dem Betroffenen nichts anderes mitgeteilt wird.*

Fällt das Ende einer Frist auf einen Sonntag, einen Feiertag oder einen Samstag, so endet die Frist erst mit Ablauf des nächstfolgenden Werktages. Das gilt nur dann nicht, wenn dem Betroffenen unter Hinweis hierauf ein bestimmter anderer Tag als Ende der Frist mitgeteilt worden ist (§ 31 Abs. 3 VwVfG).

Hat hingegen eine Behörde Leistungen nur für einen bestimmten Zeitraum zu erbringen (z. B. für den Monat Mai), so endet dieser Zeitraum auch dann mit dem Ablauf des letzten Tages (31. Mai), wenn dieser Tag ein Sonntag, ein Feiertag oder ein Samstag ist.

Auch der von einer Behörde gesetzte **Termin** (z. B. Anhörungstermin) ist einzuhalten, wenn er auf einen Sonntag, Feiertag oder Samstag fällt.

Ist eine Frist in besonders eiligen Fällen nur nach **Stunden** bestimmt, so werden Sonntage, Feiertage und Samstage mitgerechnet.

Hat eine Behörde eine Frist gesetzt und ist diese bereits abgelaufen, so kann sie rückwirkend verlängert werden, wenn es unbillig wäre, die durch den Fristablauf eingetretenen Rechtsfolgen dem Betroffenen entgegenzuhalten; die Fristverlängerung kann mit einer Nebenbestimmung, also z. B. einer Auflage oder Bedingung, verbunden werden (§ 31 Abs. 7 VwVfG).

Bei gesetzlichen Fristen, wie z. B. der **Widerspruchs- oder Klagefrist** für die Anfechtung von Verwaltungsakten ist eine Fristverlängerung **nicht möglich**, bei Versäumung dieser Fristen kann allenfalls Wiedereinsetzung in den vorigen Stand gewährt werden (vgl. 5.3).

5.2 Die Rechtsbehelfsbelehrung

Eine gesetzliche Frist läuft regelmäßig nur nach entsprechender Rechtsbehelfsbelehrung.

Die Frist für ein Rechtsmittel oder einen anderen Rechtsbehelf beginnt nur zu laufen, wenn der Beteiligte über den Rechtsbehelf, die Verwaltungsbehörde oder das Gericht, bei denen der Rechtsbehelf einzulegen ist, den Sitz dieser Behörde oder des Gerichtes und die einzuhaltende Frist schriftlich belehrt worden ist.

Ist die Rechtsbehelfsbelehrung unterblieben oder unrichtig erteilt worden, so ist ein Rechtsmittel nur innerhalb eines Jahres seit Zustellung, Bekanntgabe oder Verkündung der Entscheidung möglich, außer wenn die Rechtsmitteleinlegung vor Ablauf der Jahresfrist durch höhere Gewalt unmöglich war oder eine schriftliche Belehrung dahin erfolgt ist, daß es keinen Rechtsbehelf gegen die Entscheidung gäbe (§ 58 VwGO).

- *Eine Baugenehmigungsbehörde teilt einem Bauherrn in einem formlosen Schreiben mit, sie bedaure, daß das Vorhaben nicht den gesetzlichen Vorschriften entspräche und daher eine Baugenehmigung nicht erteilt werden könne. „Die Baugenehmigung wird daher abgelehnt. Mit freundlichen Grüßen ..." Das Schreiben ist ein Verwaltungsakt im Sinne des § 35 VwVfG, da es die Baugenehmigung ablehnt. Eine Rechtsmittelbelehrung fehlt, der Bauherr hat ab Empfang des Schreibens ein Jahr Zeit, um Widerspruch einzulegen. Nach Ablauf des Jahres tritt Bestandskraft ein, die Ablehnung des Baugesuchs wird unanfechtbar.*

Erhält ein Beteiligter von der Behörde ein Schreiben, das möglicherweise ein Verwaltungsakt sein könnte, so soll er im Zweifel hiergegen unbedingt Rechtsmittel einlegen oder sich zumindest die Jahresfrist notieren.

5.3 Die Wiedereinsetzung in den vorigen Stand

War jemand ohne Verschulden gehindert, eine gesetzliche Frist einzuhalten, so muß ihm auf Antrag Wiedereinsetzung in den vorigen Stand gewährt werden. Das Verschulden eines Vertreters ist dem Beteiligten zuzurechnen (§ 32 VwVfG, § 60 VwGO).

Voraussetzung für die Wiedereinsetzung ist, daß der Beteiligte während des Laufs der gesetzlichen Frist schuldlos an der Fristwahrung gehindert war:

Verschulden an der Fristversäumung bedeutet, daß der Betroffene oder sein Vertreter die für einen gewissenhaften und sachgemäß handelnden Verfahrensbeteiligten gebotene Sorgfalt vernachlässigt hat. Bereits leichte Fahrlässigkeit schließt die Wiedereinsetzung aus.

Das Verschulden eines Vertreters (auch das eines Rechtsanwalts) wird dem Beteiligten als eigenes Verschulden zugerechnet. Er hat lediglich die Möglichkeit, von dem Vertreter Schadenersatz zu verlangen. Das Verschulden Dritter, also z. B. Angestellter eines Vertreters, wird ihm nicht zugerechnet.

- *Ein Rechtsanwalt beauftragt seine Anwaltsgehilfin, ein Schreiben zur Wahrung der Widerspruchsfrist direkt zu der Verwaltungsbehörde zu tragen. Die Anwaltsgehilfin vergißt dies. Das Verschulden der Anwaltsgehilfin muß der Rechtsanwalt (und der Beteiligte) nicht gegen sich gelten lassen, wenn der Anwalt seine Angestellte zwischendurch immer wieder überprüft hat, ob sie ihre Aufgaben gewissenhaft erledigt. Kein Verschulden liegt vor, wenn die Post außergewöhnlich lange für die Beförderung gebraucht hat (z. B. 3 Tage innerhalb einer Ortschaft).*
- *Andererseits ist es schuldhaft, ein Schreiben so spät abzusenden, daß nur unter ganz ungewöhnlichen Umständen mit der Einhaltung der Frist bei der Behörde gerechnet werden kann.*

Der Antrag auf Wiedereinsetzung muß spätestens zwei Wochen nach Wegfall des Hindernisses gestellt werden. Gleichzeitig muß innerhalb dieser Frist die veräumte Handlung nachgeholt werden; wird nur die versäumte Handlung nachgeholt, kann die Wiedereinsetzung auch ohne besonderen Antrag gewährt werden, da in der Nachholung dieser Handlung ein stillschweigender Wiedereinsetzungsantrag gesehen wird.

Die Tatsachen zur Begründung des Antrags sind entweder bei der Antragstellung oder im Verfahren über den Wiedereinsetzungsantrag glaubhaft zu machen.

Die Antragsfrist beginnt mit dem Zeitpunkt, in dem der Wegfall des für die rechtzeitige Wahrnehmung von Rechtsmitteln bestehenden Hindernisses dem Beteiligten bekannt wurde oder hätte bekannt sein müssen. Das ist regelmäßig der Zeitpunkt, in dem er frühestens seinen Wiedereinsetzungsantrag hätte stellen können. Die vorgeschriebene „Glaubhaftmachung" meint, daß der Versäumungsgrund so vorgetragen wird, daß an der Wahrscheinlichkeit des vorgebrachten Sachverhalts kein vernünftiger Zweifel bestehen kann.

> Es darf niemals vergessen werden, bei einem Wiedereinsetzungsantrag gleichzeitig das eigentliche Rechtsmittel einzulegen, da der Wiedereinsetzungsantrag allein zur Fristwahrung nicht genügt.

Wiedereinsetzung kann ein Jahr nach dem Ende der versäumten Frist nicht mehr beantragt werden (und auch die versäumte Frist kann nicht nachgeholt werden), es sei denn, vor Ablauf der Jahresfrist wäre ein Wiedereinsetzungsantrag oder eine Nachholung der versäumten Handlung in Folge „höherer Gewalt" unmöglich gewesen (Naturereignisse oder andere unabwendbare Zufälle).

Fehlt einem Verwaltungsakt die erforderliche Begründung oder ist die erforderliche Anhörung eines Beteiligten vor Erlaß des Verwaltungsaktes unterblieben und ist dadurch die rechtzeitige Anfechtung des Verwaltungsaktes versäumt worden, so gilt die Versäumung der Rechtsbehelfsfrist als nicht verschuldet. Das für die Wiedereinsetzung frühest maßgebende Ereignis ist der Zeitpunkt der Nachholung der unterlassenen Verfahrenshandlung (§ 45 Abs. 3 VwVfG, vgl. 2.10).

6 Die unanfechtbaren Verfahrensanordnungen und die formlosen Rechtsbehelfe

6.1 Unanfechtbare Verfahrensanordnungen

Das Verwaltungsverfahrensgesetz enthält eine Reihe von Formvorschriften, die auch im nichtförmlichen Verfahren zu beachten sind. Sie sind größtenteils zum Schutz der Beteiligten bestimmt. Die Verletzung solcher Vorschriften bedeutet aber nicht, daß allein mit dieser Begründung ein Verwaltungsakt erfolgreich angefochten werden kann.

Rechtsbehelfe gegen behördliche Verfahrenshandlungen können nur gleichzeitig mit dem gegen die Sachentscheidung zulässigen Rechtsbehelf geltend gemacht werden; das gilt nur dann nicht, wenn behördliche Verfahrenshandlungen vollstreckt werden können oder gegen einen am Verfahren bislang nicht Beteiligten ergehen (§ 44 a VwGO).

Bloße Verfahrensanordnungen sind allein nicht anfechtbar. Es soll verhindert werden, daß ein Beteiligter Rechtsbehelfe einlegt, obwohl die Entscheidung für ihn ansonsten rechtmäßig ist. Selbstverständlich können aber bei einem Rechtsmittel gegen die Entscheidung selbst auch Verfahrensfehler gerügt werden.

Ausnahmsweise können unabhängig von der Hauptsacheentscheidung Verfahrenshandlungen angefochten werden, die direkt vollstreckbar sind (in der Praxis selten).

Verfahrenshandlungen gegenüber Dritten, die am Verfahren bislang nicht beteiligt waren, können von diesen getrennt angefochten werden.

- *Im Rahmen einer Baugenehmigung für eine Kfz-Werkstatt möchte ein bislang am Verfahren nicht beteiligter Anwohner nach § 13 VwVfG hinzuge-*

zogen werden (vgl. 1.4); sofern die Behörde diese Hinzuziehung ablehnt, weil sie der Auffassung ist, der Anwohner sei nicht betrofjfen, kann der Anwohner diese Verfahrenshandlung selbständig mit Widerspruch und gegebenenfalls späterer Klage anfechten.

6.2 Formlose Rechtsbehelfe

Jede Handlung oder Untätigkeit einer Behörde kann von **jedem** Bürger mit einem formlosen Rechtsbehelf angegriffen werden, während die förmlichen Rechtsbehelfe nur den Beteiligten zustehen.

Nichtförmliche Rechtsbehelfe sind:

▷ Die **Gegenvorstellung**, mit welcher bei der die Sache bearbeitenden Behörde die Aufhebung oder der Erlaß einer Verwaltungsmaßnahme begehrt wird.

▷ Die **Aufsichtsbeschwerde**, mit der die Aufsichtsbehörde veranlaßt werden soll, das Verhalten der untergeordneten Behörde zu überprüfen und gegebenenfalls Weisungen an die untergeordnete Behörde zu erteilen. Die Aufsichtsbeschwerde richtet sich somit an die Aufsichtsbehörde.

▷ Die **Dienstaufsichtsbeschwerde**, die sich nicht gegen den Inhalt einer behördlichen Tätigkeit richtet, sondern das dienstliche **Verhalten** eines Beamten angreifen will. Mit der Dienstaufsichtsbeschwerde, die bei der mit der Sache befaßten Behörde, aber auch bei der Aufsichtsbehörde eingereicht werden kann, wird also immer nur der einzelne Beamte oder Angestellte angegriffen, nicht aber die von ihm gefällte Entscheidung. Von der Dienstaufsichtsbeschwerde sollte zurückhaltend Gebrauch gemacht werden, außer ein Beamter handelt willkürlich, beleidigend, außerordentlich unfreundlich o. ä.

!o Die Einlegung eines formlosen Rechtsbehelfs ersetzt niemals das förmliche Rechtsmittel, sofern ein entsprechendes Schreiben nicht in ein förmliches Rechtsmittel umgedeutet werden kann.

- *Unter der Überschrift „Aufsichtsbeschwerde" schreibt ein Betroffener an die Aufsichtsbehörde, er sei mit der von der Erstbehörde erlassenen Entscheidung keinesfalls einverstanden und begehre aufsichtliches Einschreiten. Er lasse sich die Entscheidung „nicht gefallen", darüber hinaus habe ihn der die Sache behandelnde Beamte bei einer persönlichen Vorsprache in rüpelhaftem Ton als „Querulanten" bezeichnet. Das Schreiben geht innerhalb der Widerspruchsfrist bei der Rechtsaufsichtsbehörde ein; es enthält nicht nur eine formlose Aufsichtsbeschwerde und eine ebenso formlose Dienstaufsichtsbeschwerde, sondern auch einen förmlichen Widerspruch, da zum Ausdruck gebracht wurde, daß die Entscheidung angegriffen werden soll.*

Gegenvorstellung, Aufsichts- und Dienstaufsichtsbeschwerde sind zwar formlos und fristlos, keineswegs aber immer fruchtlos. Bei der Einlegung sollte darauf geachtet werden, einen sachlichen und klaren Ton zu wählen, meist ist dem förmlichen Rechtsmittel, sofern dies möglich ist, der Vorzug zu geben.

Der Beschwerdeführer hat Anspruch auf eine Äußerung der Behörde zu seinem formlosen Rechtsbehelf. Zu einer Begründung ist die Behörde allerdings nicht gezwungen.

7 Das Widerspruchsverfahren

7.1 Allgemeines

Vor einem Verwaltungsgerichtsprozeß, der einen Verwaltungsakt zum Gegenstand hat, soll in den meisten Fällen die Verwaltung nochmals die Gelegenheit haben, durch die Widerspruchsbehörde (meistens Rechtsaufsichtsbehörde) die **Rechtmäßigkeit** und bei Ermessensentscheidungen auch die **Zweckmäßigkeit** des bisherigen Verwaltungshandelns zu überprüfen. Im späteren Verwaltungsprozeß können Ermessensentscheidungen der Behörde nur eingeschränkt überprüft werden.

> Im Widerspruchsverfahren ist vor allem bei Ermessensentscheidungen den Zweckmäßigkeitsüberlegungen besondere Aufmerksamkeit zu widmen.

7.2 Die Notwendigkeit des Widerspruchsverfahrens

Das Widerspruchsverfahren wird **verwaltungsgerichtliches Vorverfahren** genannt. Wird kein Widerspruch eingelegt, obwohl das Widerspruchsverfahren vorgeschrieben ist, ist die Klage **unzulässig** und vom Gericht nicht zu behandeln.

> Die Rechtsmittelbelehrung eines Verwaltungsaktes muß immer genau gelesen werden, eine an Stelle eines Widerspruches zur Behörde versehentlich an das Verwaltungsgericht eingereichte Klage kann **nicht** in einen Widerspruch **umgedeutet** werden.

Das Widerspruchsverfahren ist immer dann durchzuführen, wenn ein Verwaltungsakt angefochten werden oder nach Ablehnung eines Verwaltungsaktes dieser gerichtlich durchgesetzt werden soll. Das Widerspruchsverfahren entfällt, wenn
- **ein Gesetz dies für besondere Fälle bestimmt,**
- **wenn der Verwaltungsakt von einer obersten Bundesbehörde oder von einer obersten Landesbehörde erlassen worden ist, es sei denn, ein Gesetz schreibt die Nachprüfung vor,**
- **ein Dritter durch einen Widerspruchsbescheid erstmalig belastet wird (§ 68 VwGO).**

Kapitel 3   Das Verwaltungsverfahren

Das Widerspruchsverfahren ist nahezu immer notwendig, wenn Verwaltungsakte angefochten oder begehrt werden.

Gesetzlich ausgeschlossen ist das Widerspruchsverfahren zum Teil durch Vorschriften des Besonderen Verwaltungsrechts und des Verwaltungsverfahrensgesetzes. So ist gegen Entscheidungen im förmlichen Verwaltungsverfahren und gegen Planfeststellungsbeschlüsse kein Widerspruch zulässig, es muß unmittelbar Klage erhoben werden.

Es wäre unzweckmäßig, zwei Widerspruchsverfahren über ein Verwaltungsverfahren durchzuführen, wenn durch den Widerspruchsbescheid ein Dritter erstmalig beschwert wird.

- *Ein Nachbar erhebt Widerspruch gegen eine Baugenehmigung. Zu seiner Grenze werden die Abstandsflächenvorschriften verletzt. Die Widerspruchsbehörde erläßt einen Widerspruchsbescheid, mit dem die Baugenehmigung aufgehoben wird. Der Bauherr, der durch die Baugenehmigung begünstigt war, ist durch diesen Widerspruchsbescheid erstmalig belastet. Er muß unmittelbar Klage mit dem Ziel der Aufhebung des Widerspruchsbescheides erheben.*

In **beamtenrechtlichen Streitigkeiten** ist das Widerspruchsverfahren gemäß § 126 Beamtenrechtsrahmengesetz immer **zwingend** auch dann vorgeschrieben, wenn Entscheidungen angefochten oder begehrt werden, die keine Verwaltungsakte sind.

- *Dienstliche Beurteilungen sind keine Verwaltungsakte. Sollen sie überprüft werden, muß immer zunächst ein Widerspruchsverfahren gemäß § 126 Beamtenrechtsrahmengesetz durchgeführt werden.*

7.3   Prüfungsumfang

Im Widerspruchsverfahren sind Rechtmäßigkeit und Zweckmäßigkeit des Verwaltungsaktes nachzuprüfen.

Alle rechtlich oder tatsächlich bedeutsamen Fragen werden im Widerspruchsverfahren überprüft. Die Widerspruchsbehörde hat die volle Entscheidungsbefugnis auch in Ermessensfragen; sie kann den Verwaltungsakt auch aus Zweckmäßigkeitsgründen aufheben, abändern, bestätigen bzw. den begehrten Verwaltungsakt erlassen. Sie darf die ursprünglich eingeräumte Rechtsstellung der Beteiligten **verschlechtern** (sogenannte Verböserung). Die Widerspruchsbehörde ist bei der Aufhebung eines Verwaltungsaktes nicht an die Regeln über Rücknahme oder Widerruf von Verwaltungsakten gemäß §§ 48, 49 VwVfG gebunden.

Die volle Sachentscheidungsbefugnis der Widerspruchsbehörde hat **Ausnahmen:**

▷ Wurde der Erstbescheid von einer Selbstverwaltungskörperschaft (z. B. Gemeinde, Landkreis, Universität) erlassen, darf die Widerspruchsbehörde nur als Rechtsaufsichtsbehörde tätig werden und keine Zweckmäßigkeitsgesichtspunkte prüfen.

▷ Ein begünstigender Verwaltungsakt mit Doppelwirkung, der von dem belasteten Beteiligten angefochten wird, darf nur dann aufgehoben werden, wenn Vorschriften verletzt sind, die zum Schutz des Belasteten erlassen wurden.

- *Ein Nachbar legt gegen eine Baugenehmigung Widerspruch ein. Er begründet diesen damit, daß das Vorhaben "städtebaulich scheußlich" sei und die Abstandsflächen unterschritten würden.*

  Die Widerspruchsbehörde kann nur die Verletzung der Abstandsflächen überprüfen, da die Vorschriften über städtebauliche Gesichtspunkte nicht dem Nachbarschutz dienen. Der Widerspruch ist unbegründet, wenn man nicht in seinen eigenen Rechten verletzt ist, dies ist bezüglich der Verletzung städtebaulicher Vorschriften nicht möglich. Sind aber die nachbarschützenden Abstandsflächen tatsächlich nicht eingehalten, ist der Widerspruch begründet.

7.4 Der Widerspruch

Das Widerspruchsverfahren beginnt mit der Einlegung des Widerspruchs.

Der Widerspruch muß innerhalb eines Monats nachdem der Verwaltungsakt dem Beteiligten bekanntgegeben worden ist, schriftlich oder zur Niederschrift bei der Behörde, die den Verwaltungsakt erlassen hat, erhoben werden. Die Frist wird auch durch Einlegung des Widerspruchs bei der Behörde, die den Widerspruchsbescheid erlassen hat, gewahrt (§ 70 VwGO).

Zur Schriftform kann auf das für den schriftlichen Antrag beim förmlichen Verwaltungsverfahren Angeführte verwiesen werden (vgl. 4.1).

Das Widerspruchsschreiben muß nicht das Wort „Widerspruch" oder einen besonders formulierten Text enthalten. Es genügt, hinreichend klar zu machen, daß man sich durch den Verwaltungsakt beschwert fühlt und eine Nachprüfung der **Sachentscheidung** wünscht.

Das Widerspruchsschreiben muß **keine Begründung** enthalten. Es ist zweckmäßig, der Behörde klarzumachen, was vom Widerspruchsführer gewünscht wird. Eine derartige Begründung kann jederzeit nachgereicht werden. Besondere **Anträge** müssen **nicht** gestellt werden.

Die **Widerspruchsfrist** beginnt mit der Bekanntgabe des Verwaltungsakts (vgl. 2.8). Sie beträgt einen Monat ab dem Tag der Bekanntgabe, der nicht mitgezählt wird (Bekanntgabe am 20. Mai, Ende der Widerspruchsfrist am 20. Juni, 24.00

Uhr). Auch die Jahresfrist für den Fall einer fehlenden oder unrichtigen Rechtsbehelfsbelehrung beginnt mit dem Tag der Bekanntgabe zu laufen (vgl. 5.2).

7.5 Die Anhörung Dritter

Im Widerspruchsverfahren werden möglicherweise Dritte erstmals von dem Verwaltungsverfahren berührt.

Ein Dritter, der durch die Aufhebung oder Änderung eines Verwaltungsaktes im Widerspruchsbescheid belastet werden könnte, soll vor Erlaß des Widerspruchsbescheides gehört werden (§ 71 VwGO).

Das gilt nicht nur dann, wenn ein Dritter erstmals belastet wird, sondern auch wenn die Behörde beabsichtigt, die bisherige Rechtsstellung eines Beteiligten zu verschlechtern. Die Anhörung ist durch den allgemeinen Rechtsgrundsatz des rechtlichen Gehörs vorgeschrieben; für sie kann eine angemessene Frist gesetzt werden. In besonderen Eilfällen oder Ausnahmefällen kann die Anhörung unterbleiben (vgl. 1.12).

Wird die Anhörungspflicht verletzt, leidet das Widerspruchsverfahren unter einem wesentlichen Mangel, der im Fall der selbständigen Anfechtung zur Aufhebung des Widerspruchsbescheides führt, wenn dieser Ermessensüberlegungen anstellt (§ 79 Abs. 2 VwGO).

7.6 Abhilfeentscheidung und Widerspruchsbescheid

Über einen Widerspruch wird entweder von der Behörde, die den Verwaltungsakt erlassen oder abgelehnt hat (Ausgangsbehörde) oder von der Widerspruchsbehörde entschieden.

Hält die Ausgangsbehörde den Widerspruch für begründet, so gibt sie ihm statt (Abhilfeentscheidung) und entscheidet über die Kostentragung.

Hilft die Ausgangsbehörde dem Widerspruch nicht ab, so ergeht ein Widerspruchsbescheid der Widerspruchsbehörde.

Die Ausgangsbehörde kann dem Widerspruch nur ganz oder teilweise stattgeben; sie darf ihn nicht ablehnen.

Die Widerspruchsbehörde kann im Widerspruchsbescheid dem Widerspruch ganz oder teilweise stattgeben oder ihn zurückweisen.

Der Widerspruchsbescheid muß schriftlich erlassen, begründet, mit einer Rechtsbehelfsbelehrung versehen und zugestellt werden (§ 73 VwGO).

Er muß von der Widerspruchsbehörde begründet werden. Es genügt, wenn ein zurückweisender Widerspruchsbescheid auf die Gründe des Erstbescheides Bezug nimmt und die Auffassung der Ausgangsbehörde teilt.

Das Gesetz schreibt für den Widerspruchsbescheid eine **Zustellung** vor, die sich nach den Vorschriften des Bundesverwaltungszustellungsgesetzes (die Widerspruchsbehörde ist Bundesbehörde) oder nach den Verwaltungszustellungsvorschriften der jeweiligen Länder richtet (vgl. 2.8).

Der Widerspruchsbescheid bindet die Verfahrensbeteiligten und die Ausgangsbehörde nach seiner Unanfechtbarkeit wie jeder Verwaltungsakt. Nach dem Erlaß des Widerspruchsbescheides gelten daher auch die allgemeinen Grundsätze über Widerruf und Rücknahme von Verwaltungsakten gemäß §§ 48, 49 VwVfG für den Widerspruchsbescheid (vgl. 2.12, 2.13).

7.7 Die Kostenentscheidung

Der Widerspruchsbescheid muß bestimmen, wer die Kosten des Verfahrens trägt.

Soweit der Widerspruch erfolgreich ist, werden dem Widerspruchsführer die für eine zweckentsprechende Rechtsverfolgung notwendigen Auslagen von der Ausgangsbehörde erstattet. Hierzu zählen auch Rechtsanwaltskosten, soweit die Zuziehung eines Rechtsanwalts notwendig war, was für jedes nicht ganz eindeutige Verwaltungsverfahren bejaht wird.

Andererseits muß der Widerspruchsführer die zur zweckentsprechenden Rechtsverfolgung notwendigen Aufwendungen der Behörde erstatten (außer im Rahmen von Streitigkeiten über öffentlich-rechtliche Dienst- und Amtsverhältnisse). Darüber hinaus verlangt die Widerspruchsbehörde eine Widerspruchsgebühr, soweit dies in den Kostenvorschriften vorgesehen ist.

Der Betrag der zu erstattenden Kosten wird von der Behörde, die den Widerspruchsbescheid oder den Abhilfebescheid erlassen hat, auf entsprechenden Antrag festgesetzt. Wenn eine Kostenentscheidung einem Betroffenen Kostenerstattung zubilligt, dann aber im Kostenfestsetzungsverfahren einzelne geltend gemachte Auslagen abgelehnt werden, liegt ein neuer Verwaltungsakt vor, der mit Widerspruch angegriffen werden kann. Die Kostenentscheidung, also die Frage, wer die Kosten trägt, kann nur mit dem Widerspruchsbescheid gemeinsam angefochten werden.

7.8 Die Wirkung des Widerspruchs

Ein Widerspruch hat „aufschiebende Wirkung". Mit seiner Einlegung entfällt die Wirksamkeit des Verwaltungsaktes, von dem kein Gebrauch gemacht werden kann.

Kapitel 3   Das Verwaltungsverfahren

- *Ein Nachbarwiderspruch macht eine Baugenehmigung unwirksam, der Bau kann nicht errichtet werden.*

Auf die Einzelheiten, vor allem die Möglichkeiten der sofortigen Vollziehung, wird im Kapitel 5 eingegangen.

7.9   Die Widerspruchsrücknahme

Der Widerspruch kann bis zur Bekanntgabe des Widerspruchsbescheides jederzeit zurückgenommen werden.

Die Widerspruchsrücknahme erfolgt gegenüber der Ausgangsbehörde. Sofern der Widerspruch bereits an die Widerspruchsbehörde abgegeben wurde, kann die Rücknahme auch gegenüber der Widerspruchsbehörde erklärt werden.

Ungeklärt ist, ob der Widerspruch auch nach Bekanntgabe des Widerspruchsbescheides zurückgenommen werden kann.

!° Ein Widerspruch sollte bei **Verpflichtungsanträgen** möglichst **nicht** zurückgenommen werden: Durch die Rücknahme wird die Ablehnung des beantragten Verwaltungsaktes unanfechtbar, ein neuer Antrag kann nur als Wiederaufgreifensantrag unter erschwerten Voraussetzungen gestellt werden (vgl. 2.16). Es empfiehlt sich in solchen Fällen, den ursprünglichen Antrag auf Erlaß eines Verwaltungsaktes zurückzunehmen, da ein Neuantrag dann jederzeit gestellt werden kann. Bei der Antragsrücknahme wird das Widerspruchsverfahren gegenstandslos und mit einer Kostenentscheidung eingestellt (vgl. 1.2.3 zur Antragsrücknahme und Kapitel 4, 5.5 zur Klagerücknahme).

Kapitel 4
Der Verwaltungsprozeß

1 Allgemeines zum Verwaltungsprozeß

Ist der Bürger mit den von der Verwaltung getroffenen Regelungen nicht einverstanden und erreicht er auch im Widerspruchsverfahren keine Erfüllung seiner Vorstellungen, steht ihm der Weg zu den Verwaltungsgerichten offen. Das dortige Gerichtsverfahren ist in der Verwaltungsgerichtsordnung (VwGO) geregelt.

1.1 Der Bürger in der Rolle des Klägers

Im Verwaltungsverfahren stehen sich Verwaltung und Bürger im Über-/Unterordnungsverhältnis gegenüber. Das Verwaltungsverfahren endet mit einem hoheitlichen Akt, der für sich beansprucht, allgemein befolgt zu werden.

Der betroffene Bürger kann die hoheitliche Regelung durch eine Klage vor dem Verwaltungsgericht überprüfen lassen. Er ist daher regelmäßig Kläger, die Verwaltung Beklagte. Ausnahmen gelten lediglich für den öffentlich-rechtlichen Vertrag, da Verpflichtungen des Bürgers aus einem öffentlich-rechtlichen Vertrag von der Verwaltung nicht mehr durch Verwaltungsakt, sondern nur durch eine Leistungsklage vor dem Verwaltungsgericht durchgesetzt werden können. Derartige Prozesse sind selten.

Im verwaltungsgerichtlichen Verfahren entfällt das Über-/Unterordnungsverhältnis völlig. Bürger und Verwaltung stehen sich gleichberechtigt gegenüber, die Behörde hat keine Möglichkeit, ihre Hoheitsrechte auszuspielen. Die Gleichordnung bezieht sich nur auf die **Stellung vor Gericht**. Das Verwaltungsgericht muß das vor Klageerhebung im Verwaltungsverfahren geltende Hoheitsprinzip berücksichtigen und darf daher z. B. Ermessensentscheidungen nur eingeschränkt überprüfen.

1.2 Arten und Besetzung der Verwaltungsgerichte

Der Verwaltungsrechtsweg kennt drei Rechtszüge (Instanzen):
▷ Das Verwaltungsgericht,

Kapitel 4   Der Verwaltungsprozeß

▷ das Oberverwaltungsgericht, das in einigen süddeutschen Ländern Verwaltungsgerichtshof heißt (im folgenden: Oberverwaltungsgericht),

▷ das Bundesverwaltungsgericht in Berlin.

Die Verwaltungsgerichte bestehen aus mehreren Kammern, die nach Rechtsgebieten eingeteilt und daher für die ihnen zugewiesenen Gebiete besonders erfahren sind (z. B. Baurecht, Wasserrecht etc.).

Eine Verwaltungsgerichtskammer besteht aus drei Berufsrichtern (ein Vorsitzender, zwei Beisitzer) und zwei ehrenamtlichen Laienrichtern. Sofern das Verwaltungsgericht durch Urteil entscheidet, entscheiden alle fünf Richter mit gleicher Stimme. Beschlüsse werden nur von den drei Berufsrichtern gefällt.

Das Oberverwaltungsgericht besteht aus mehreren Senaten, die auch Fachsenate sind.

Ein Senat besteht aus drei Berufsrichtern (ein Vorsitzender, zwei Beisitzer), wobei manche Länder die Möglichkeit vorgesehen haben, Senate in der Besetzung von fünf Richtern entscheiden zu lassen, von denen zwei ehrenamtliche Laien sein können.

Auch beim Bundesverwaltungsgericht bestehen Fachsenate, die aus fünf Berufsrichtern bestehen, die in voller Anzahl im Urteilsverfahren entscheiden. Bei Beschlußentscheidungen genügen drei Berufsrichter.

Am Bundesverwaltungsgericht besteht ferner ein „Großer Senat", der aus dem Präsidenten und sechs Berufsrichtern besteht und dann entscheidet, wenn ein Senat von einer Grundsatzentscheidung eines anderen Senats oder des Großen Senats abweichen will. Er kann auch von einem Senat angerufen werden, um das Recht fortzubilden oder eine einheitliche Rechtsprechung zu sichern.

1.3   Der Verwaltungsrechtsweg

Alle öffentlich-rechtlichen Streitigkeiten sind grundsätzlich den Verwaltungsgerichten zugewiesen, sofern es sich nicht um verfassungsrechtliche Streitigkeiten handelt, für die die Verfassungsgerichte zuständig sind oder gesetzlich ein anderer Rechtsweg vorgeschrieben ist. An das Verwaltungsverfahren wird sich daher zumeist der Verwaltungsgerichtsprozeß anschließen. Lediglich **enteignungsrechtliche** und **entschädigungsrechtliche** Streitigkeiten sind den „ordentlichen Gerichten" (Landgericht, Oberlandesgericht, Bundesgerichtshof) zugewiesen. Für Enteignungen, Vorkaufsrechte, Baulandumlegungen etc. nach dem Bundesbaugesetz sind besondere **Baulandgerichte** zuständig, die gemischt mit Zivilrichtern und Verwaltungsrichtern besetzt sind. Eine eingehende Erörterung dieses Verfahrens erübrigt sich, nachdem dort eine Vertretung durch Rechtsanwälte zwingend vorgeschrieben ist.

2 Die Klagearten und ihre Zulässigkeit

2.1 Zulässigkeit und Begründetheit

Die Verwaltungsgerichtsordnung kennt verschiedene Klagearten, die sich nach dem angegriffenen oder begehrten Verwaltungshandeln richten. Es gibt „typische" Klagen, wie die Anfechtungs-, Verpflichtungs- oder Feststellungsklage, aber auch untypische Klagen, wie die allgemeine Leistungsklage und die vorbeugende Unterlassungsklage. Diese Unterschiede müssen im einzelnen nicht genau gekannt werden, es genügt, dem Gericht den Inhalt des Vorbringens deutlich zu machen. Dennoch ist es zweckmäßig, im Rahmen der Erörterungen in der mündlichen Verhandlung die Unterscheidungen zu kennen.

Bei jeder Klage unterscheidet das Verwaltungsgericht zwischen Zulässigkeit und Begründetheit der Klage.

Die **Zulässigkeit** ergibt sich aus der Einhaltung von Formvorschriften, die **Begründetheit** durch den Inhalt des Verwaltungshandelns. Fehlt eine Zulässigkeitsvoraussetzung, kann das Gericht die Begründetheit nicht prüfen, selbst wenn das Verwaltungshandeln offensichtlich rechtswidrig ist.

2.2 Allgemeine Zulässigkeitsvoraussetzungen aller Klagearten

Verschiedene Zulässigkeitsvoraussetzungen gelten bei allen Klagearten. Daneben gibt es einzelne Klagearten mit besonderen Zulässigkeitsvoraussetzungen (vgl. 2.3 bis 2.10).

Allgemeine Zulässigkeitsvoraussetzungen aller Klagearten sind vor allem:

▷ **Der Verwaltungsrechtsweg ist gegeben.**
▷ **Die Prozeßbeteiligten sind parteifähig.**
▷ **Die Prozeßführenden sind prozeßfähig.**
▷ **Die Klagepartei hat eine Klagebefugnis (Rechtsschutzbedürfnis).**

Der **Verwaltungsrechtsweg** ist normalerweise in allen öffentlich-rechtlichen Streitigkeiten gegeben (vgl. 1.3).

Parteifähig sind im Verwaltungsprozeß natürliche und juristische Personen, Vereinigungen (soweit ihnen ein Recht zustehen kann) und Behörden (sofern das Landesrecht dieses bestimmt). Die Parteifähigkeit des Verwaltungsprozesses ist

Kapitel 4   Der Verwaltungsprozeß

identisch mit der Beteiligungsfähigkeit am Verwaltungsverfahren gemäß § 11 VwVfG. Zur Vermeidung von Wiederholungen wird auf Kapitel 3, 1.4 verwiesen.

Prozeßfähig sind die voll Geschäftsfähigen, die in der Geschäftsfähigkeit beschränkten (soweit sie für den Gegenstand des Verfahrens als geschäftsfähig anerkannt sind) und juristische Personen und Vereinigungen sowie Behörden durch Handlungen ihrer Vertreter, Vorstände oder Beauftragten. Auch die Prozeßfähigkeit ist mit der Verfahrenshandlungsfähigkeit des Verwaltungsverfahrens (§ 12 VwVfG) identisch. Es wird auf Kapitel 3, 1.4 verwiesen.

Eine besonders wichtige Zulässigkeitsvoraussetzung ist das **Rechtsschutzbedürfnis.**

Eine Klage ist nur zulässig, wenn der Kläger geltend machen kann, durch die behördliche Handlung oder deren Ablehnung oder Unterlassung in seinen eigenen Rechten verletzt zu sein (§ 42 Abs. 2 VwGO).

Das verwaltungsgerichtliche Verfahren kennt **keine Popularklage**, mit der fremde Rechte geltend gemacht werden. Aus diesem Grund gibt es auch keine Klage von Verbänden (z. B. Umweltschutzverbänden), solange die Verbandsklage nicht gesetzlich vorgesehen wird. Die Institution eines „Volksanwalts" o. ä. ist dem deutschen Recht fremd. Der Kläger muß immer in seinen persönlichen Rechten verletzt sein können.

- *Der Pächter einer seit langem bestehenden Kneipe will gegen eine Gaststättenerlaubnis für den Pächter einer Nachbarkneipe klagen. Er behauptet, der Pächter der Nachbarkneipe sei wegen Verstoßes gegen Jugendschutzbestimmungen einschlägig vorbestraft. Das Gericht muß die Klage abweisen, denn die Vorschriften über die Verläßlichkeit eines Gewerbetreibenden dienen ausschließlich dem öffentlichen Interesse, nicht aber dem Konkurrentenschutz. Die Tatsache, daß möglicherweise Kunden zu der neuen Kneipe überwechseln, ist allenfalls ein „Rechtsreflex", niemals aber eine Verletzung eigener Rechte. Die Klage ist unzulässig.*
- *Auf einer bereits lange bestehenden Omnibus-Linienverkehrs-Strecke soll ein weiterer Unternehmer eine Personenbeförderungserlaubnis erhalten. In § 14 Personenbeförderungsgesetz ist vorgeschrieben, daß der Inhaber bereits bestehender Genehmigungen anzuhören ist. Die Anhörungsvorschrift hat möglicherweise eine Schutzfunktion für den bisherigen Genehmigungsinhaber, so daß dieser klagebefugt ist.*

Bei der Zulässigkeitsprüfung wird nicht gefragt, ob der Kläger tatsächlich in seinen Rechten verletzt ist. Es genügt, daß eine Verletzung seiner Rechte **möglich** ist.

Die Klagebefugnis ist immer gegeben, wenn die mit der Klage angefochtene Behördenhandlung **unmittelbar** gegenüber dem Kläger vorgenommen wurde, er also „Adressat" des Verwaltungshandelns war.

2.3 Die Anfechtungsklage

Die Anfechtungsklage begehrt die Aufhebung eines Verwaltungsaktes (§ 42 Abs. 1 VwGO).

Die Anfechtungsklage richtet sich gegen belastende Verwaltungsakte oder Teile von belastenden Verwaltungsakten, wenn diese eigenständig angefochten werden können.

Eine besondere Zulässigkeitsvoraussetzung ist die **Klagefrist** von einem Monat ab Zustellung des Widerspruchsbescheides mit einer Rechtsbehelfsbelehrung bzw. von einem Jahr bei fehlender oder unrichtiger Rechtsbehelfsbelehrung.

Die Anfechtungsklage ist nur zulässig, wenn das **Widerspruchsverfahren** durchgeführt wurde (außer es gibt kein Widerspruchsverfahren, wie z. B. beim förmlichen Verwaltungsverfahren oder Planfeststellungsverfahren).

Gegenstand einer Anfechtungsklage ist
▷ der ursprüngliche Verwaltungsakt in der Gestalt, die er durch den Widerspruchsbescheid gefunden hat,
▷ der Widerspruchsbescheid, wenn ein Dritter durch ihn erstmalig beschwert wird,
▷ der Widerspruchsbescheid, wenn und soweit er gegenüber dem ursprünglichen Verwaltungsakt eine zusätzliche selbständige Beschwer enthält. Als zusätzliche Beschwer gilt auch die Verletzung einer wesentlichen Verfahrensvorschrift im Widerspruchsverfahren, sofern der Widerspruchsbescheid auf dieser Verletzung beruht (§ 79 VwGO).

Der Widerspruchsbescheid kann also auch mit der Begründung angefochten werden, er beruhe auf einer Verletzung wesentlicher Verfahrensvorschriften im Widerspruchsverfahren. Für das Verwaltungsverfahren gilt dies nicht: Eine Verletzung von Verfahrensvorschriften kann dort nur mit der Hauptsacheentscheidung angefochten werden (vgl. Kapitel 3, 6.1).

> *Beispielhafte Anfechtungsklagen sind:*
> - *die Klage gegen einen gemeindlichen Beitragsbescheid,*
> - *die Klage eines Unternehmens gegen nachträgliche immissionsschutzrechtliche Anordnungen,*
> - *die Klage gegen die Rücknahme oder den Widerruf eines Verwaltungsakts,*
> - *die Klage eines Nachbarn gegen eine Baugenehmigung.*

2.4 Die Verpflichtungsklage

Die Verpflichtungsklage begehrt die Verurteilung der Behörde zum Erlaß eines abgelehnten oder unterlassenen Verwaltungsaktes (§ 42 Abs. 1 VwGO).

Die besonderen Zulässigkeitsvoraussetzungen der Verpflichtungsklage sind im wesentlichen mit denen der Anfechtungsklage gleich. Lediglich wird nicht die Aufhebung, sondern der Erlaß eines Verwaltungsaktes begehrt. Das Widerspruchsverfahren ist notwendig, wenn die Behörde durch einen Verwaltungsakt den Antrag abgewiesen hatte. In diesem Fall nennt man die Verpflichtungsklage „Versagungsgegenklage". Bei zu langer Untätigkeit der Behörde kann das Widerspruchsverfahren ausnahmsweise entfallen (Untätigkeitsklage, vgl. 2.5).

Bei der Anfechtung **belastender Nebenbestimmungen** eines Verwaltungsaktes ist die Unterscheidung zwischen einer selbständigen und einer modifizierenden Auflage von entscheidender Bedeutung (vgl. Kapitel 3, 2.5):

Eine selbständige Auflage wird mit der Anfechtungsklage angegriffen, sie begehrt die Aufhebung der Auflage. Eine modifizierende Auflage wird mit der Verpflichtungsklage angegriffen, sie begehrt den Erlaß des gesamten beantragten Verwaltungsaktes ohne die modifizierende Auflage.

- *Die selbständige Auflage einer Baugenehmigung, eine auf dem Baugrundstück stehende Linde nicht zu beschädigen oder zu beseitigen, wird angefochten. Die Klage begehrt lediglich, die Auflage aufzuheben, der Bau kann ansonsten errichtet werden.*

- *Die immissionsschutzrechtliche Genehmigung für die Lackieranlage eines Automobilwerkes hat die Auflage, bestimmte Schallrichtwerte in der Nachbarschaft nicht zu überschreiten. Die Auflage ist modifizierend. Das Werk kann die Immissionsschutzauflagen nicht anfechten, sondern muß nach erfolglosem Widerspruchsverfahren eine Verpflichtungsklage mit dem Ziel erheben, daß das Gericht die Behörde zur Erteilung einer immissionsschutzrechtlichen Genehmigung ohne diese Lärmschutzauflage (oder z. B. mit höheren Schallrichtwerten) verpflichtet.*

Die Unterscheidung ist wegen der Folgen bedeutsam:

Ein Widerspruch verhindert vorläufig die Wirksamkeit des Verwaltungsaktes, so daß bei einer selbständigen Auflage von dem nicht angefochtenen Teil Gebrauch gemacht werden kann. Bei einer modifizierenden Auflage wird durch einen Widerspruch die gesamte Regelung unwirksam.

Verpflichtungsklagen sind

- *die Klage auf Erteilung einer Fahrerlaubnis,*

- die Klage auf Erteilung einer Baugenehmigung,
- die Klage auf Gewährung von Pflegegeld nach dem Jugendwohlfahrtsgesetz.

2.5 Die Untätigkeitsklage

Eine besondere Form der Verpflichtungsklage ist die Untätigkeitsklage, die auf die Notwendigkeit des Widerspruchsverfahrens verzichtet.

Die Untätigkeitsklage ist zulässig, wenn über einen Widerspruch oder über einen Antrag auf Vornahme eines Verwaltungsaktes ohne zureichenden Grund in angemessener Frist von der Behörde sachlich nicht entschieden worden ist. In diesem Fall muß der Widerspruchsbescheid nicht abgewartet werden bzw. muß kein Widerspruch eingelegt werden (§ 75 VwGO).

Die Untätigkeitsklage eröffnet für die Anfechtungs- und Verpflichtungsklage die unmittelbare Klagemöglichkeit, wenn die Verwaltung unangemessen lange untätig ist. Bei der Anfechtungsklage ist die Klage auf Erlaß eines Widerspruchsbescheids gerichtet, bei der Verpflichtungsklage auf Erlaß des beantragten Bescheides.

Eine Untätigkeitsklage kann nicht vor Ablauf von drei Monaten seit Einlegung des Widerspruchs oder seit Antragstellung auf Vornahme eines Verwaltungsaktes erhoben werden, außer es ist wegen besonderer Umstände eine kürzere Frist geboten.

- *Eine hilflos lebende alte Frau beantragt bei dem für sie zuständigen Sozialamt mit Hilfe von Nachbarn die Gewährung von Sozialhilfeleistungen. Sie weist in dem Schreiben auf ihre große Not hin. Die Nachbarn bestätigen dies in dem Schreiben und bitten um eilige Entscheidung. Nach zwei Wochen ist von der Behörde noch keine Reaktion zu hören. In diesem Fall ist die Untätigkeitsklage sicher zulässig, da wegen der besonderen Umstände des Einzelfalles eine Frist von zwei Wochen an Stelle der gesetzlichen Drei-Monats-Frist sicher ausreichend ist. Im übrigen könnte die Frau auch im Wege der einstweiligen Anordnung vorläufigen Rechtsschutz beim Verwaltungsgericht suchen (vgl. Kapitel 5, 5.).*
- *Ein Kiesgruben-Unternehmen beantragt eine wasserrechtliche Erlaubnis für die Entnahme von Kies aus dem Grundwasser und anschließende Wiederverfüllung mit Rekultivierung. Es reicht alle Pläne ein und erhält von der Behörde eine Empfangsbestätigung und den Hinweis, daß wegen des besonderen Verfahrensumfangs das Verfahren sich etwas verzögern könne. Im übrigen müssen noch Stellungnahmen anderer Behörden (z. B. Wasserwirtschaftsamt) eingeholt werden. In diesem Fall ist eine Untätigkeitsklage sicher auch nach fünf Monaten noch nicht zulässig, da zureichende Gründe für diese Verfahrensdauer vorliegen.*

Liegt ein zureichender Grund für die lange Verfahrensdauer vor, setzt das Gericht das gerichtliche Verfahren aus und bestimmt der Behörde eine Frist, innerhalb derer sie die Sachentscheidung treffen muß. Wird innerhalb dieser Frist dem Widerspruch stattgegeben oder der Verwaltungsakt erlassen, so ist die Hauptsache des gerichtlichen Verfahrens erledigt und die Behörde muß die Kosten des Verfahrens tragen.

Erläßt die Behörde bei einer zulässigen Untätigkeitsklage noch während des gerichtlichen Verfahrens einen negativen Widerspruchsbescheid oder einen Bescheid, mit dem der beantragte Verwaltungsakt abgelehnt wird, wird das Klageverfahren als normale Anfechtungs- oder Verpflichtungsklage weitergeführt, wobei im letzteren Fall kein gesondertes Widerspruchsverfahren mehr durchzuführen ist. Im Zweifel sollte das Gericht um Mitteilung gebeten werden, ob noch Widerspruch eingelegt werden muß. Enthält der Verwaltungsakt eine Rechtsmittelbelehrung, wonach Widerspruch eingelegt werden muß, sollte dieser vorsorglich immer eingelegt werden, auch wenn schon eine Untätigkeitsklage erhoben ist. Das Gericht ist verpflichtet, entsprechende Auskünfte zu geben (§ 86 Abs. 3 VwGO).

2.6 Die Fortsetzungsfeststellungsklage

Hat sich der Verwaltungsakt vor Abschluß des gerichtlichen Verfahrens durch Zurücknahme oder anders erledigt, so spricht das Gericht auf Antrag durch Urteil aus, daß der Verwaltungsakt rechtswidrig gewesen ist, wenn der Kläger ein berechtigtes Interesse an dieser Feststellung hat (§ 113 Abs. 1 Satz 4 VwGO).

Dieser „Fortsetzungsfeststellungsantrag" ist nur zulässig, wenn ein berechtigtes Interesse des Klägers besteht. Dieses liegt bei Wiederholungsgefahr oder der Geltendmachung von Schadenersatzansprüchen etc. vor.

2.7 Die Feststellungsklage

Die Feststellungsklage begehrt die Feststellung des Bestehens oder Nichtbestehens eines Rechtsverhältnisses oder der Nichtigkeit eines Verwaltungsaktes, wenn der Kläger ein berechtigtes Interesse an der baldigen Feststellung hat (§ 43 Abs. 1 VwGO).

Feststellungsklagen sind in der Praxis selten. Sie beziehen sich auf Rechtsverhältnisse oder Berechtigungen, die zwischen der Behörde und dem Betroffenen streitig sind.

- *Feststellung der Staatsangehörigkeit,*
- *Mitgliedschaft eines Heilpraktikers in der Ärztekammer,*
- *Zugehörigkeit zu einer Gemeindevertretung.*

Die **Nichtigkeit** eines Verwaltungsaktes kann mit der Feststellungsklage und mit der Anfechtungsklage festgestellt werden. In allen anderen Fällen ist eine Feststellungsklage aber nur zulässig, wenn der mit ihr verfolgte Zweck nicht mit einer Gestaltungsklage (z. B. Anfechtungsklage) oder einer Leistungsklage (z. B. Verpflichtungsklage oder allgemeine Leistungsklage) erreicht werden kann.

Weiter muß der Kläger ein besonderes Rechtsschutzbedürfnis, das sogenannte **Feststellungsinteresse** haben. Dieses ist z. B. gegeben, wenn die Rechtslage völlig unklar ist und das künftige Verhalten des Klägers von der Feststellung der Rechtslage abhängt.

2.8 Die allgemeine Leistungsklage

Die Klagearten der Verwaltungsgerichtsordnung (Anfechtungs-, Verpflichtungs-, Untätigkeits- und Feststellungsklage) sind nicht abschließend. Eine „untypische" Klageform ist die allgemeine Leistungsklage.

Die allgemeine Leistungsklage begehrt eine Leistung oder Handlung einer Behörde, die nicht im Erlaß eines Verwaltungsaktes besteht.

Sie steht nicht nur dem Bürger, sondern auch der Verwaltung zu, wenn sie die begehrte Leistung des Bürgers nicht mit Hilfe eines Verwaltungsaktes verbindlich regeln kann.

Die praktische Bedeutung der Leistungsklage besteht vor allem im Bereich der öffentlich-rechtlichen Verträge. Die Verpflichtungen des Bürgers und der Verwaltung aus einem öffentlich-rechtlichen Vertrag können nicht durch Verwaltungsakt oder Verpflichtungsklage verfolgt werden, beiden Parteien steht nur die allgemeine Leistungsklage offen.

Für die Erhebung der allgemeinen Leistungsklage ist ein Widerspruchsverfahren nicht erforderlich, es sei denn, es ist durch ein Gesetz ein Widerspruchsverfahren vorgeschrieben.

- *Ein Beamter erhält Beamtenbezüge nicht ausbezahlt. Die Ausbezahlung ist kein Verwaltungsakt, sondern eine schlichte hoheitliche Tätigkeit. Die Festsetzung des Gehalts ist der eigentliche Verwaltungsakt. Ist das Gehalt festgesetzt, wird es aber nur teilweise ausbezahlt, kann allgemeine Leistungsklage erhoben werden, nachdem das ausnahmsweise in § 126 Beamtenrechtsrahmengesetz vorgeschriebene Widerspruchsverfahren durchgeführt ist.*

2.9 Die vorbeugende Unterlassungsklage

In seltenen Fällen kann auch eine vorbeugende Klage erhoben werden.

Die vorbeugende Unterlassungsklage begehrt die Verpflichtung der Behörde, eine bestimmte Verwaltungshandlung, die kein Verwaltungsakt ist, zu unterlassen.

Eine vorbeugende Klage gegen einen drohenden Verwaltungsakt mit dem Ziel, der Behörde den Erlaß dieses Verwaltungsaktes zu untersagen, ist meistens unzulässig, da hierfür kein Rechtsschutzbedürfnis besteht: Es muß gewartet werden, bis die Behörde den Verwaltungsakt erlassen hat. Anschließend kann Anfechtungsklage erhoben werden, sofern der Kläger in seinen Rechten verletzt wird.

Die vorbeugende Unterlassungsklage ist daher selten.

2.10 Die Normenkontrolle

Satzungen und Verordnungen, die von öffentlich-rechtlichen Körperschaften erlassen werden, können durch einen Normenkontrollantrag bei dem für das jeweilige Land zuständigen Oberverwaltungsgericht angefochten werden. Stellt das Oberverwaltungsgericht fest, daß die Satzung oder Verordnung rechtswidrig ist, erklärt sie diese allgemeinverbindlich für nichtig. Die Entscheidung muß ebenso veröffentlicht werden, wie die Satzung oder Verordnung selbst (§ 47 VwGO).

Mit dem Normenkontrollverfahren werden vor allem gemeindliche Bebauungspläne und gemeindliche Abgabensatzungen (Erschließungsbeitragssatzung, Straßenausbaubeitragssatzung etc.) angegriffen. Das Oberverwaltungsgericht entscheidet mit allgemeinverbindlicher Wirkung: Jede Behörde, jedes Gericht und auch jeder Bürger sind an die Entscheidung gebunden. Das Normenkontrollverfahren bezieht sich im Gegensatz zum allgemeinen verwaltungsgerichtlichen Verfahren nicht nur auf den Einzelfall.

Will das Oberverwaltungsgericht bei seiner Entscheidung von der Meinung eines anderen Oberverwaltungsgerichts oder des Bundesverwaltungsgerichts abweichen, so muß es die Rechtsfrage dem Bundesverwaltungsgericht zur Entscheidung vorlegen.

Einen Normenkontrollantrag kann jede natürliche oder juristische Person stellen, die durch die Anwendung der Satzung oder Verordnung einen Nachteil erlitten oder in absehbarer Zeit zu erwarten hat. Auch Behörden können Normenkontrollanträge stellen. Für einen Normenkontrollantrag muß ebenso ein Rechtsschutzbedürfnis vorliegen, wie bei allen anderen Verfahren der Verwaltungsgerichtsordnung (vgl. 2.2).

! Ein Normenkontrollverfahren ist nicht immer notwendig, wenn es um die Anwendung einer rechtswidrigen Satzung oder Verordnung geht:

Jeder behördliche Akt muß auf einer wirksamen Rechtsgrundlage beruhen (Gesetzesvorbehalt, vgl. Kapitel 2, 3.1). Das Verwaltungsgericht muß bei der Überprüfung eines Verwaltungsaktes daher auch überprüfen, ob seine Rechtsgrundlage rechtmäßig ist. Soll daher nur ein einzelner Verwaltungsakt (Erschließungsbeitragsbescheid oder eine aufgrund eines Bebauungsplanes erteilte Baugenehmigung) mit der Begründung angefochten werden, die Satzung (der Bebauungsplan ist eine Satzung) sei nichtig, so ist ein Normenkontrollverfahren **nicht erforderlich**. Es genügt die Anfechtung des Bescheides, da das Verwaltungsgericht gezwungen ist, die Gültigkeit der Satzung mit zu überprüfen (sogenannte Incidentkontrolle). Diese Incidentkontrolle kann frühestens vom Verwaltungsgericht, niemals aber von der Widerspruchsbehörde vorgenommen werden, da diese als Behörde kein Recht hat, Satzungen oder Verordnungen für nichtig zu erklären oder nicht anzuwenden. Die Widerspruchsbehörde wird ein entsprechendes Argument als unbegründet zurückweisen, da sie hierüber nicht entscheiden darf.

Wählt man den Weg der Incidentkontrolle, muß man somit mindestens das zuständige Verwaltungsgericht nach erfolglosem Widerspruchsverfahren anrufen.

Drohen von einer Satzung oder Verordnung weitergehende Auswirkungen, so ist vor allem der Vollzug der Satzung oder Verordnung mit bisher nicht vorhersehbaren Problemen verbunden, sollte eine **Normenkontrolle** gewählt werden.

- *Ein Bebauungsplan sieht in der Nähe einer Industrieanlage ein großes Wohngebiet vor. Hier ist es zweckmäßig, eine Normenkontrolle gegen den Bebauungsplan einzuleiten. Diese ersetzt aber nicht die Anfechtung von einzelnen Baugenehmigungen, von denen das Unternehmen Kenntnis erhält. Läuft für diese Baugenehmigungen die Widerspruchsfrist ab, kann zwar später durch Normenkontroll-Urteil festgestellt werden, daß der Bebauungsplan nichtig ist. Die Baugenehmigung ist aber durch Fristablauf bestandskräftig und unanfechtbar.*

Neben dem Normenkontrollantrag muß jeder einzelne Verwaltungsakt angefochten werden, der auf die angegriffene Satzung oder Verordnung gestützt wird, da er sonst unanfechtbar wird.

3 Prüfungsumfang und Urteilsinhalt

Die beschriebenen einzelnen Klagearten führen auch zu unterschiedlichen Überprüfungen und Urteilen im verwaltungsgerichtlichen Verfahren.

3.1 Prüfungsumfang bei Ermessensentscheidungen

Die Verwaltungsbehörden sind im Widerspruchsverfahren berechtigt, neben der Rechtmäßigkeit auch die Zweckmäßigkeit zu überprüfen. Das Ermessen ist eine typisch behördliche Entscheidungsmöglichkeit. Das Verwaltungsgericht kann das Ermessen nicht ersetzen, sondern nur in bestimmtem Umfang überprüfen.

Kapitel 4   Der Verwaltungsprozeß

▷ **Gebundene Entscheidungen** werden vom Verwaltungsgericht auf ihre Rechtmäßigkeit überprüft und bei Rechtswidrigkeit aufgehoben.
▷ **Soll-Vorschriften** werden vom Verwaltungsgericht auf ihre Rechtmäßigkeit überprüft. Weicht die Behörde von der Vorschrift ab, überprüft das Verwaltungsgericht, ob ein außergewöhnlicher Fall vorliegt, der das Abweichen rechtfertigt (vgl. Kapitel 2, 2.2.3).
▷ Bei einer **Ermessensentscheidung** der Behörde prüft das Gericht, ob die Behörde die gesetzlichen Grenzen des Ermessens überschritten hat oder von dem Ermessen in einer Weise Gebrauch gemacht hat, die dem Zweck der Vorschrift nicht entspricht (vgl. Kapitel 2, 2.2.4).
▷ Beinhaltet die behördliche Entscheidung die Auslegung eines **unbestimmten Rechtsbegriffes**, überprüft das Verwaltungsgericht uneingeschränkt, ob die Voraussetzungen des unbestimmten Rechtsbegriffs erfüllt sind (vgl. Kapitel 2, 2.2.5).

Das Verwaltungsgericht muß bei der Überprüfung von Ermessensentscheidungen auch berücksichtigen, ob das Ermessen „reduziert" ist, also ob an Stelle des Ermessens eine einzelne Entscheidung die rechtlich einzig zulässige ist (vgl. Kapitel 2, 2.2.7).

3.2   Die Begründetheit der Anfechtungsklage

Eine zulässige Anfechtungsklage ist begründet, wenn der angefochtene Verwaltungsakt rechtswidrig und der Kläger dadurch in seinen Rechten verletzt ist. Das Verwaltungsgericht hebt den Verwaltungsakt und den etwaigen Widerspruchsbescheid auf (§ 113 Abs. 1 VwGO).

Die bloße Rechtswidrigkeit genügt für den Erfolg einer verwaltungsgerichtlichen Klage nicht. Da dem Verwaltungsprozeß die „Popularklage" fremd ist (vgl. 2.2), muß der jeweilige Kläger auch in seinen **eigenen** persönlichen Rechten tatsächlich verletzt sein. Der Unterschied zur Zulässigkeitsprüfung ist deutlich:

▷ Die Klage ist **zulässig,** wenn eine Rechtsverletzung des Klägers **möglich** ist;
▷ die Klage ist **begründet,** wenn eine Rechtsverletzung des Klägers **tatsächlich vorliegt.**

- *Das Urteil des Verwaltungsgerichts lautet z. B.:*
  Der Bescheid des Landratsamtes A. vom 21. 4. 1984, Az. ..., und der hierzu ergangene Widerspruchsbescheid der Regierung von S. vom 11. 8. 1984, Az. ..., werden aufgehoben.

Der Verwaltungsakt wird durch das Urteil unwirksam, soweit die Entscheidung rechtskräftig wird.

3.3 Begründetheit der Verpflichtungsklage

Wenn und soweit die Ablehnung oder Unterlassung eines Verwaltungsaktes rechtswidrig und der Kläger dadurch in seinen Rechten verletzt ist, verpflichtet das Verwaltungsgericht die Behörde, den beantragten Verwaltungsakt zu erlassen, wenn keine andere Entscheidung möglich ist. Ist eine andere Entscheidung möglich oder nach Ermessen auszuüben, verpflichtet das Gericht die Behörde, über den Antrag des Klägers unter Beachtung der Rechtsauffassung des Gerichts zu entscheiden (§ 113 Abs. 4 VwGO).

Das Gericht kann die Verpflichtung der Behörde zum Erlaß des Verwaltungsaktes nur aussprechen, wenn es sich um eine gebundene Entscheidung handelt oder das Ermessen der Behörde auf eine gebundene Entscheidung reduziert ist. Das Verwaltungsgericht ist nicht berechtigt, den Verwaltungsakt selbst zu erlassen, kann also nicht durch Urteil z. B. eine Baugenehmigung erteilen.

Sind andere Entscheidungen durch die Behörde denkbar oder ist die Sache noch nicht „spruchreif", weil noch Einzelfragen geprüft werden müssen, erläßt das Gericht ein „Verbescheidungsurteil", in dem es die Behörde verpflichtet, über den Antrag erneut zu entscheiden und hierbei die Rechtsauffassung des Gerichts zu den vom Gerichtsverfahren geklärten Fragen zu beachten.

- *Lehnt die Behörde einen baurechtlichen Vorbescheid („Bauvoranfrage") über die planungsrechtliche Zulässigkeit eines zweigeschoßigen Einfamilienhauses auf einem bestimmten Baugrundstück ab und begründet dies dahingehend, daß dort nur eingeschoßige Häuser zulässig seien, kann das Verwaltungsgericht die Behörde verpflichten, den beantragten Vorbescheid zu erlassen, wenn es zu dem Ergebnis kommt, daß planungsrechtlich das Grundstück zweigeschoßig bebaut werden kann. Die Sache ist spruchreif.*

- *Lehnt die Baugenehmigungsbehörde eine Baugenehmigung für ein zweigeschoßiges Wohnhaus mit der Begründung ab, das Grundstück dürfe nur eingeschoßig bebaut werden, kann das Verwaltungsgericht die Behörde nur verpflichten, über den Bauantrag unter Beachtung der Rechtsauffassung des Gerichts erneut zu entscheiden (das Grundstück darf planungsrechtlich nach Auffassung des Gerichts zweigeschoßig bebaut werden). Die Sache ist noch nicht „spruchreif", da für die Erteilung der Baugenehmigung auch andere Fragen, wie z. B. Standsicherheit, Brandschutz etc., noch geklärt werden müssen.*

Das Urteil lautet:

„I. Der Ablehnungsbescheid des Landratsamtes A. vom 21. 4. 1984, Az. ..., und der hierzu ergangene Widerspruchsbescheid der Regierung von S. vom 11. 8. 1984, Az. ..., werden aufgehoben.

Kapitel 4 Der Verwaltungsprozeß

> *II. Das Landratsamt A. wird verpflichtet, dem Kläger den beantragten baurechtlichen Vorbescheid entsprechend der Bauvoranfrage vom 23. 11. 1983 zu erteilen.*
>
> *oder:*
>
> *II. Das Landratsamt A. wird verpflichtet, über den Bauantrag des Klägers vom 23. 11. 1983 unter Beachtung der Rechtsauffassung des Gerichts erneut zu entscheiden."*

3.4 Die Begründetheit der Fortsetzungsfeststellungsklage

Hat sich der angefochtene Verwaltungsakt durch Zurücknahme oder auf andere Weise vor der Entscheidung des Gerichts erledigt, so stellt das Gericht im Urteil fest, daß der Verwaltungsakt rechtswidrig gewesen ist, sofern der Kläger hieran ein berechtigtes Interesse hat und der Verwaltungsakt tatsächlich rechtswidrig war (vgl. 2.6).

3.5 Die Begründetheit der Feststellungsklage

Ist das Gericht der Auffassung, daß ein Rechtsverhältnis besteht oder nicht besteht, oder daß ein Verwaltungsakt nichtig ist, so stellt es dies im Urteil fest, wenn der Kläger hieran ein berechtigtes Interesse hat (vgl. 2.7).

3.6 Die Begründetheit der allgemeinen Leistungsklage

Im Rahmen der allgemeinen Leistungsklage verurteilt das Gericht die beklagte Behörde oder den beklagten Bürger, die eingeklagte Leistung zu erbringen.

4 Verfahrensgrundsätze und allgemeine Verfahrensvorschriften

4.1 Der Untersuchungsgrundsatz

Im Verwaltungsprozeß muß das Gericht den wahren Sachverhalt von Amts wegen erforschen (**Untersuchungsgrundsatz**). Hierin liegt eine der Hauptursachen für die lange Dauer von verwaltungsgerichtlichen Prozessen im Gegensatz zum Zivilprozeß, in dem das Gericht nur über den von den Parteien vorgetragenen Sachverhalt entscheidet. Das Verwaltungsgericht ist an das Vorbringen und an Beweisanträge der Beteiligten nicht gebunden.

Der Vorsitzende hat darauf hinzuwirken, daß Formfehler beseitigt, unklare Anträge erläutert, sachdienliche Anträge gestellt und ungenügende tatsächliche Angaben ergänzt werden. Ferner muß er darauf hinwirken, daß alle für die Feststellung und Beurteilung des Sachverhalts wesentlichen Erklärungen abgegeben werden.

Der Vorsitzende kann die Beteiligten unter Fristsetzung auffordern, zur Vorbereitung der mündlichen Verhandlung schriftliche Ausführungen (Schriftsätze) einzureichen. Diese Schriftsätze müssen allen Beteiligten vom Gericht zugestellt werden.

Die Beteiligten müssen die Schriftstücke und Urkunden, auf die sie sich im Schriftsatz beziehen, im Original oder in Abschrift beilegen.

!° Der Verpflichtung des Gerichts, den wahren Sachverhalt zu erforschen und auch die Parteien auf fehlerhafte Anträge oder unklares Vorbringen hinzuweisen, entspricht auch ein Recht des Klägers, vom Gericht eine entsprechende Belehrung zu erhalten. Ist sich ein Kläger daher nicht klar, welche genauen Anträge er im Klageverfahren stellen soll, so ist es ratsam, wenn er spätestens in der mündlichen Verhandlung vom Gericht einen Hinweis erbittet.

4.2 Die Verfahrensbeteiligten

Am verwaltungsgerichtlichen Verfahren sind beteiligt:

▷ der Kläger,
▷ der Beklagte,
▷ der Beigeladene,
▷ der Vertreter des öffentlichen Interesses.

Die Klage muß den **Beklagten** bezeichnen. Dies ist der Bund, das Land oder diejenige Körperschaft (z. B. Gemeinde), deren Behörde den angefochtenen Verwaltungsakt erlassen oder den beantragten Verwaltungsakt unterlassen hat. Zur Bezeichnung des richtigen Beklagten genügt in der Klage die Angabe der Behörde. Im übrigen muß in einer richtigen Rechtsmittelbelehrung auch der richtige Beklagte angegeben sein.

Wird ein Dritter durch einen Widerspruchsbescheid erstmalig in seinen Rechten betroffen, so ist die Klage gegen die Körperschaft zu richten, der die Widerspruchsbehörde angehört, wobei auch die Bezeichnung der Widerspruchsbehörde in der Klage genügt.

- *Die (nach bayerischem Recht) kreisfreie Stadt A. erteilt eine Baugenehmigung, gegen die von einem Nachbarn Widerspruch eingelegt wird. Die Regierung von S., die eine Behörde des Freistaats Bayern ist, ist Widerspruchs- und Rechtsaufsichtsbehörde über die Stadt A. Sie hält den Nach-*

Kapitel 4   Der Verwaltungsprozeß

> *barwiderspruch für begründet und hebt die Baugenehmigung auf. Der richtige Beklagte für eine Klage des Bauherrn gegen diesen Widerspruchsbescheid ist der Freistaat Bayern.*
>
> - *Hat die Regierung von S. hingegen den Widerspruch des Nachbarn als unbegründet zurückgewiesen und will der Nachbar hiergegen klagen, ist der richtige Beklagte die Stadt A., da in diesem Fall Klagegegenstand der Baugenehmigungsbescheid in der Form des Widerspruchsbescheides ist. Hauptanfechtungsgegenstand ist also der Erstbescheid.*

Das Gericht ist befugt, eine falsche Beklagten-Bezeichnung umzudeuten, wenn sich aus dem Rest der Klage ergibt, daß der richtige Beklagte gemeint ist.

Die **Beiladung** spielt im Verwaltungsprozeß eine wichtige Rolle. Sie entspricht der Hinzuziehung zum Verwaltungsverfahren gemäß § 13 VwVfG (vgl. Kapitel 3, 1.4); dementsprechend gibt es auch im Verwaltungsprozeß die einfache und die notwendige Beiladung.

Das Gericht kann auf Antrag und von Amts wegen Dritte beiladen, deren rechtliche Interessen durch die Entscheidung berührt werden (einfache Beiladung).

Ist ein Dritter an dem streitigen Rechtsverhältnis so beteiligt, daß die Entscheidung auch ihm gegenüber nur einheitlich ergehen kann, so muß er beigeladen werden (notwendige Beiladung).

Der Beiladungsbeschluß ist allen Beteiligten zuzustellen, wobei der Stand der Sache und der Grund der Beteiligung angegeben werden sollen. **Die Beiladung ist unanfechtbar.** Der einfache Beigeladene kann im Prozeß innerhalb der Anträge eines Beteiligten selbst ebenfalls Anträge stellen. Er kann aber nicht über die Anträge der Beteiligten hinausgehen (also z. B. Rücknahmeerklärungen abgeben, einen Vergleich abschließen o. ä.).

Der notwendige Beigeladene kann im Prozeß sogar über die einzelnen Anträge der Streitparteien hinausgehen (also z. B. bei einem Prozeß über selbständige Auflagen zu einer Baugenehmigung auch selbst die vollständige Aufhebung der Baugenehmigung beantragen).

! Der Beigeladene sollte nur im Ausnahmefall im Verwaltungsprozeß selbst **Anträge** stellen. Sobald er sich nicht nur durch Anregungen oder Sachaussagen beteiligt und seine Rechtsmeinung äußert, sondern förmliche Anträge stellt, nimmt er am Kostenrisiko des Prozesses teil. Unterliegt seine Rechtsauffassung, können ihm Prozeßkosten auferlegt werden. Stellt er hingegen keinen förmlichen Antrag, können ihm Kosten des Gerichtsverfahrens oder Kosten anderer Beteiligter nicht auferlegt werden. Er muß dann allenfalls eigene persönliche Kosten (Rechtsanwaltsgebühren) zahlen, sofern das Gericht diese nicht einem anderen Verfahrensbeteiligten auferlegt.

Bei den Verwaltungsgerichten und Oberverwaltungsgerichten ist in einigen Ländern die sogenannte **Landesanwaltschaft** eingerichtet. Diese Landesanwaltschaft kann nicht nur das beklagte Land vertreten und nimmt dann die Befugnisse des Beklagten wahr, sondern sie kann sich auch als **Vertreter des öffentlichen Interesses** am Verfahren beteiligen. Sie hat dann die Stellung eines notwendigen Beigeladenen. Beim Bundesverwaltungsgericht ist ein Oberbundesanwalt tätig, der an die Weisungen der Bundesregierung gebunden ist, um sicherzustellen, daß die Vorstellungen der Bundesregierung in besonders wichtige höchstrichterliche Prozesse eingebracht werden können.

Die Landesanwaltschaft kann sich als Vertreter des öffentlichen Interesses an allen Verfahren beteiligen, wobei streitig ist, ob sie auch das öffentliche Interesse vertreten kann, wenn sie gleichzeitig das Land vertritt. Der Vertreter des öffentlichen Interesses hat nicht nur den Vorteil, als unabhängiger unparteiischer Verfahrensbeteiligter objektive und von dem Kläger möglicherweise nicht erkannte Gesichtspunkte dem Gericht darzustellen. Er kann durch eigene Anträge sogar einer zulässigen, aber unbegründeten Klage zum Erfolg verhelfen:

- *Die Baugenehmigung einer kreisfreien Stadt ist objektiv rechtswidrig, weil sie nicht dem geltenden Bauplanungsrecht entspricht. Ein Nachbar erhebt Klage mit der Begründung, das geplante Haus sei „zu hoch" und füge sich nicht in die Eigenart der näheren Umgebung gemäß § 34 Bundesbaugesetz ein.*

   Die Klage ist zulässig, da eine Rechtsverletzung des Klägers „möglich" ist. Das Gericht stellt aber fest, daß die Rüge des Klägers zwar richtig und die Baugenehmigung objektiv rechtswidrig ist, die Vorschriften des Bauplanungsrechts jedoch nicht nachbarschützend sind, so daß der Kläger nicht in eigenen Rechten verletzt sein kann. Die Landesanwaltschaft hat sich als Vertreter des öffentlichen Interesses beteiligt und rügt nun die Verletzung objektiven Rechts. Auf ihren Antrag ist die Baugenehmigung wegen objektiver Rechtswidrigkeit aufzuheben und der Klage stattzugeben.

! Es empfiehlt sich, die schriftlichen Stellungnahmen der Landesanwaltschaft zu dem jeweiligen Verwaltungsprozeß genau zu lesen, da sie oft wertvolle Hinweise auf die Rechtslage enthalten.

4.3 Die Vertretung durch Prozeßbevollmächtigte und Beistände

Vor den Verwaltungsgerichten und dem Oberverwaltungsgericht kann sich jeder Beteiligte durch einen Bevollmächtigten vertreten lassen oder in der mündlichen Verhandlung einen Beistand beiziehen. Das Gericht kann auch durch Beschluß anordnen, daß ein Bevollmächtigter bestellt oder ein Beistand hinzugezogen werden muß.

Vor dem Bundesverwaltungsgericht muß sich jeder Beteiligte (auch die Behörde) durch einen Rechtsanwalt oder einen Rechtslehrer an einer deutschen Hochschule vertreten lassen (§ 67 VwGO).

Vor den Verwaltungsgerichten und dem Oberverwaltungsgericht kann jede Person als Bevollmächtigter und Beistand auftreten, die zum sachgemäßen Vortrag fähig ist.

! Hierbei darf nicht gegen das Rechtsberatungsgesetz verstoßen werden (vgl. Kapitel 3, 1.5).

5 Das Verfahren in erster Instanz

5.1 Die Klage zum zuständigen Verwaltungsgericht

5.1.1 Die Klageerhebung

Die verwaltungsgerichtliche Klage muß bei dem zuständigen Verwaltungsgericht schriftlich oder zur Niederschrift bei dem Urkundsbeamten der Geschäftsstelle des Verwaltungsgerichts erhoben werden. Für die Schriftform gilt das für die Schriftlichkeit der Anträge im förmlichen Verwaltungsverfahren Dargestellte entsprechend (vgl. Kapitel 3, 4.1 und die dortigen Ausführungen zur telegraphischen Schriftform etc.). Der Klage und auch allen späteren Schriftsätzen sollen Abschriften für alle übrigen Beteiligten beigefügt werden. Wird diese Soll-Vorschrift verletzt, ist die Klage dennoch wirksam erhoben, das Gericht kann lediglich die Vorlage entsprechender Abschriften fordern bzw. die Abschriften auf Kosten des Klägers selbst herstellen.

5.1.2 Die örtliche Zuständigkeit

Das örtlich zuständige Verwaltungsgericht muß in einer richtigen Rechtsmittelbelehrung bezeichnet sein. Örtlich zuständig ist:

▷ in Streitigkeiten über unbewegliches Vermögen oder ortsgebundene Rechte (z. B. Baugenehmigung) das örtliche Verwaltungsgericht;

▷ bei Anfechtungsklagen gegen einen Verwaltungsakt einer Bundesbehörde das Verwaltungsgericht, in dessen Bezirk die Behörde ihren Sitz hat, es sei denn, es handelt sich um ein ortsgebundenes Recht oder Rechtsverhältnis; bei allen anderen Anfechtungsklagen, die sich nicht auf unbewegliches Vermögen oder ortsgebundene Rechte beziehen, das Verwaltungsgericht, in dessen Bezirk der Verwaltungsakt erlassen wurde; ist die Behörde für die Bezirke mehrerer Verwaltungsgerichte zuständig, ist das Verwaltungsgericht zuständig, in dessen Bezirk der Kläger seinen Sitz oder Wohnsitz hat;

▷ für alle Klagen gegen eine juristische Person des öffentlichen Rechts oder eine Behörde aus einem Beamten-, Richter-, Wehrpflicht-, Wehrdienst- oder Zivildienstverhältnis das Verwaltungsgericht, in dessen Bezirk der Kläger seinen dienstlichen Wohnsitz, hilfsweise seinen privaten Wohnsitz hat. Hat der Kläger keinen dienstlichen oder privaten Wohnsitz innerhalb des Zuständigkeitsbereichs der Behörde, ist das für den Behördensitz zuständige Verwaltungsgericht anzurufen; in allen Fällen das Verwaltungsgericht, in dessen Bezirk der Beklagte seinen Sitz, Wohnsitz oder hilfsweise seinen Aufenthalt hat oder seinen letzten Wohnsitz oder Aufenthalt hatte.

5.1.3 Der notwendige Inhalt der Klageschrift und ihre Folgen

Die Klage muß den Kläger, den Beklagten und den Streitgegenstand bezeichnen (§ 82 Abs. 1 Satz 1 VwGO).

Die Vorschrift ist zwingend und schreibt den Mindestinhalt einer Klage vor. Eine Verletzung dieser Vorschrift macht die Klage unzulässig und wahrt die Klagefrist nicht.

Die Klageschrift soll einen bestimmten Antrag enthalten, die zur Begründung dienenden Tatsachen und Beweismittel angeben und den angefochtenen Verwaltungsakt sowie den Widerspruchsbescheid in Urschrift oder in Abschrift beigefügt erhalten (§ 82 Abs. 1 Sätze 1 und 2 VwGO).

Da es sich nur um eine Soll-Vorschrift handelt, ist die Klage ohne bestimmten Antrag, Begründung und Abschriften zulässig. Das Gericht allerdings berechtigt, eine Ergänzung anzufordern; kommt der Kläger der Aufforderung nicht nach, bleibt die Klage zulässig.

Der richtige Antrag der Klage kann auch noch in der mündlichen Verhandlung gestellt werden. Das Gericht ist verpflichtet, einen rechtsunkundigen Laien auf den richtigen Antrag hinzuweisen.

Wird versehentlich ein unzuständiges Verwaltungsgericht angerufen, so kann es sich auf Antrag des Klägers als unzuständig erklären und den Rechtsstreit durch Beschluß an das zuständige Verwaltungsgericht verweisen. Ein Rechtsmittel hiergegen ist nicht möglich. Die Anrufung des unzuständigen Verwaltungsgerichts bleibt für den Kläger bezüglich der Klagefrist ohne Folgen, diese wird auch durch Klageerhebung bei einem unzuständigen Gericht gewahrt, wenn der Kläger einen Verweisungsantrag stellt. Weigert er sich allerdings, einen solchen Antrag zu stellen, wird die Klage als unzulässig abgewiesen.

Kapitel 4   Der Verwaltungsprozeß

! Sofern Unsicherheit über die Zuständigkeit besteht, sollte das in der Rechtsmittelbelehrung bezeichnete Gericht angerufen werden. Fehlt eine Rechtsmittelbelehrung, sollte das nach eigener Auffassung zuständige Verwaltungsgericht angerufen werden und in der Klageschrift „rein vorsorglich" für den Fall der Unzuständigkeit die Verweisung an das nach Auffassung des Gerichts zuständige Verwaltungsgericht beantragt werden.

Durch den Eingang der Klage bei Gericht wird der Prozeß **rechtshängig**.

Nach Eingang der Klage beim Verwaltungsgericht verfügt der Vorsitzende der zuständigen Kammer die Zustellung der Klage an den Beklagten. Er fordert gleichzeitig den Beklagten auf, sich schriftlich innerhalb einer vom Gericht zu setzenden Frist schriftlich oder zur Niederschrift des Urkundsbeamten der Geschäftsstelle zu äußern. Für diese Äußerung kann ebenfalls eine Frist gesetzt werden.

5.1.4   Die Klagefrist

Die Anfechtungsklage oder die Verpflichtungsklage müssen innerhalb eines Monats nach Zustellung des Widerspruchsbescheides erhoben werden. Findet ein Widerspruchsverfahren nicht statt, muß die Klage innerhalb eines Monats nach Bekanntgabe des Verwaltungsaktes erhoben werden (§ 74 VwGO).

Für eine Untätigkeitsklage läuft keine Frist (vgl. 2.5).

Die Versäumung der Klagefrist hat dieselben Folgen wie die Versäumung der Widerspruchsfrist: Die Klage ist unzulässig, der Verwaltungsakt unanfechtbar (vgl. Kapitel 3.4).

Auch für die Klagefrist gilt, daß sie nur bei einer ordnungsgemäßen Rechtsbehelfsbelehrung zu laufen beginnt. Gegen ihre Versäumung ist die Wiedereinsetzung in den vorigen Stand möglich (vgl. Kapitel 3, 5.2, 5.3).

Der Zeitpunkt der Klageerhebung wird durch den Einlauf-Vermerk bei Gericht bewiesen. Die Gerichte besitzen zumeist Nachtbriefkästen, bei denen um Mitternacht die bisher eingeworfene von der später eingeworfenen Post getrennt wird. Der Nachweis einer fristgerechten Klageerhebung kann im Regelfall nur durch den Einwurf in den Nachtbriefkasten oder durch Beibringung eines Zeugen, der den fristgerechten Einwurf beobachtet hat, bewiesen werden.

5.2   Vorbescheid und Gerichtsbescheid

Ist eine Klage unzulässig oder ganz offenbar unbegründet, so kann das Gericht die Klage durch einen Vorbescheid mit entsprechender Begründung abweisen (§ 84 VwGO).

Die Verfahrensbeteiligten können innerhalb eines Monats nach Zustellung des Vorbescheids eine mündliche Verhandlung beantragen. Wird dieser Antrag rechtzeitig gestellt, entfällt die Wirkung des Vorbescheids. Wird der Antrag nicht rechtzeitig gestellt, gilt der Vorbescheid als rechtskräftiges Urteil. In dem Vorbescheid müssen die Beteiligten über den zulässigen Rechtsbehelf belehrt werden, unterbleibt dies, läuft wiederum eine Jahresfrist.

Halten die drei Berufsrichter des Verwaltungsgerichts eine Klage einstimmig für unbegründet, so können sie einen Gerichtsbescheid erlassen. Hierauf sind die Beteiligten unter gleichzeitiger angemessener Fristsetzung zur Äußerung hinzuweisen.

Der Gerichtsbescheid ersetzt ein Urteil. Die Verwaltungsgerichte machen hiervon zurückhaltenden Gebrauch, denn oft ergeben sich in der mündlichen Verhandlung neue Umstände, die aus den Akten noch nicht ersichtlich waren. Ein Gerichtsbescheid entspricht in seinen Wirkungen dem Urteil. Gegen ihn ist (anders als beim Vorbescheid) kein Antrag auf mündliche Verhandlung möglich, sondern nur die Berufung binnen eines Monats ab Zustellung des Gerichtsbescheids.

5.3 Klageumfang und Widerklage

Das Gericht darf über das Klagebegehren nicht hinausgehen, ist aber an die wörtliche Fassung der Anträge nicht gebunden.

Dem Kläger darf vom Verwaltungsgericht weder mehr als beantragt noch etwas anderes als beantragt zugesprochen werden. Zulässig ist es aber, einem Antrag teilweise stattzugeben.

Das Gericht ist nicht an die Begründung der Anträge gebunden und kann der Klage aus anderen Gründen stattgeben, als sie vom Kläger vorgetragen werden.

Das Verwaltungsgericht kann einen angegriffenen Verwaltungsakt auch nicht zum Nachteil des Klägers abändern (Verbot der Verböserung), wie dies der Widerspruchsbehörde noch möglich war (vgl. Kapitel 3, 7.3).

Der Beklagte kann bei dem Verwaltungsgericht eine Widerklage erheben, wenn der Gegenanspruch mit dem in der Klage geltend gemachten Anspruch oder mit den gegen den Gegenanspruch vorgebrachten Verteidigungsmitteln zusammenhängt. Bei Anfechtungs- und Verpflichtungsklagen ist die Widerklage ausgeschlossen.

Die Widerklage ist in der Praxis selten und nur bei Feststellungs- oder allgemeinen Leistungsklagen zulässig. Da Anspruch und Gegenanspruch aus ein und demselben Rechtsverhältnis entstanden sein müssen (z. B. aus demselben öffentlich-rechtlichen Vertrag), genügt ein lediglich mittelbarer wirtschaftlicher Zusammenhang nicht.

5.4 Die Klageänderung

Eine Klageänderung ist zulässig, wenn die übrigen Beteiligten (Beklagter, notwendiger oder einfacher Beigeladener und Vertreter des öffentlichen Interesses) einwilligen oder das Gericht die Änderung für sachdienlich hält (§ 91 Abs. 1 VwGO).

Eine Klageänderung liegt vor, wenn der Klageantrag oder Klagegrund geändert wird (Übergang von einer Anfechtungsklage auf eine Verpflichtungsklage) oder in der Person des Klägers oder des Beklagten ein Wechsel eintritt bzw. weitere Kläger oder Beklagte in den Prozeß einbezogen werden sollen.

Stimmen die übrigen Beteiligten einer Klageänderung nicht zu, so muß das Gericht entscheiden, ob die Klageänderung sachdienlich ist. Dies ist sie, wenn die endgültige Beilegung des Streites gefördert oder dazu beigetragen wird, daß ein weiterer sonst zu erwartender Prozeß vermieden wird. Die Gerichte verneinen die Sachdienlichkeit, wenn durch die Klageänderung ein völlig neuer Prozeßstoff in den Prozeß eingeführt werden soll, der die bisherigen Grundlagen des Prozesses ändert und auch das Ergebnis der bisherigen Verfahrens weitgehend unverwertbar macht.

Die Klageänderung hat die Wirkung, daß die ursprüngliche Klage durch die neue Klage ersetzt ist. Allerdings muß auch bei neuen Anfechtungs- und Verpflichtungsanträgen die Klagefrist für den neuen Antrag gewahrt bzw. das Widerspruchsverfahren durchgeführt sein.

5.5 Die Klagerücknahme

Der Kläger kann bis zur Rechtskraft des Urteils die Klage zurücknehmen. Die Zurücknahme ist nach Antragstellung in der mündlichen Verhandlung nur möglich, wenn der Beklagte oder der Vertreter des öffentlichen Interesses (nicht aber der Beigeladene) einwilligt (§ 92 VwGO).

Die Klagerücknahme muß schriftlich oder zu Protokoll des Urkundsbeamten oder in der mündlichen Verhandlung gegenüber dem Gericht erklärt werden.

! Die Klage sollte vor allem bei Verpflichtungsklagen nur im Ausnahmefall zurückgenommen werden. Im Zweifelsfall ist die Rücknahme des Antrags im Verwaltungsverfahren, die auch im Verwaltungsprozeß noch möglich ist, vorzuziehen, um eine bestandskräftige Ablehnung des Antrags zu vermeiden (vgl. ausführlich Kapitel 3, 1.2.3 und 7.9).

5.6 Verbindung und Trennung, Aussetzung und Ruhen

Das Gericht kann durch Beschluß mehrere bei ihm anhängige Verfahren über den gleichen Gegenstand zu gemeinsamer Verhandlung und Entscheidung verbinden und jederzeit auch wieder trennen. Es kann anordnen, mehrere in einem Verfahren erhobene Ansprüche in getrennten Verfahren zu verhandeln und zu entscheiden. Ein Rechtsmittel gegen die Verbindung oder Trennung ist nicht zulässig.

Sofern die Entscheidung des Rechtsstreits ganz oder zum Teil von dem Bestehen oder Nichtbestehen eines Rechtsverhältnisses abhängt, das den Gegenstand eines anderen anhängigen Rechtsstreits bildet oder von einer Verwaltungsbehörde festzustellen ist, kann das Gericht anordnen, daß die Verhandlung bis zur Erledigung des anderen Rechtsstreit oder bis zur Entscheidung der Behörde ausgesetzt wird (§ 94 VwGO).

Die Aussetzung kann auch von den Parteien angeregt werden; sie liegt im Ermessen des Gerichts. Gegen die Aussetzung oder ihre Versagung ist die Beschwerde möglich.

- *Für die Erteilung einer Baugenehmigung ist entscheidend, ob ein wirksamer Bebauungsplan vorliegt. Im Rahmen der Anfechtungsklage des Nachbarn gegen die aufgrund des Bebauungsplans erteilte Baugenehmigung wird bekannt, daß der Nachbar oder ein anderer Nachbar bei dem zuständigen Oberverwaltungsgericht einen Normenkontrollantrag mit dem Ziel gestellt hat, den Bebauungsplan allgemeinverbindlich für nichtig zu erklären. Ist der Bebauungsplan tatsächlich nichtig, müßte z. B. wegen Abstandsflächenverletzungen die Baugenehmigung aufgehoben werden. Es steht im pflichtgemäßen Ermessen des Gerichts, entweder selbst eine Incidentkontrolle des Bebauungsplanes vorzunehmen (vgl. 2.10) oder den Ausgang des Normenkontrollverfahrens abzuwarten und das vorliegende Verfahren auszusetzen.*

Eine Aussetzung ist nicht möglich, wenn in einem anderen Verfahren nur über dieselbe „Rechtsfrage" im Wege eines Musterprozesses zu entscheiden ist. In derartigen Fällen kann lediglich das Ruhen des Verfahrens angeordnet werden, wenn dies übereinstimmend beantragt wird.

5.7 Befangenheit und Ablehnung

Mitglieder des Gerichts (auch die Laienrichter) dürfen nicht befangen sein. Zur Besorgnis der Befangenheit kann im wesentlichen auf die Ausführungen zu den vom Verwaltungsverfahren wegen Befangenheit ausgeschlossenen Personen verwiesen werden (vgl. Kapitel 3, 1.6). Zusätzlich stellt § 54 Abs. 2 und 3 VwGO klar, daß auch jeder Richter ausgeschlossen ist, der bei dem vorausgegangenen

Verwaltungsverfahren (als Verwaltungsbeamter) mitgewirkt hat oder der Vertretung einer Körperschaft angehört, deren Interessen durch das Verfahren berührt werden (z. B. Gemeinderat einer betroffenen Gemeinde).
Die Besorgnis der Befangenheit ist auch begründet, wenn zwischen dem Richter und einer Partei z. B. Freundschaft oder Feindschaft besteht oder der Richter unsachliche oder verletzende Äußerungen in der Verhandlung macht. Es kann immer nur der betreffende Richter, nicht aber das ganze Gericht, wegen Befangenheit abgelehnt werden. Über die Ablehnung entscheidet das Gericht; gegen die Entscheidung ist die Beschwerde möglich, sofern es sich nicht um die Entscheidung eines Oberverwaltungsgerichtes oder des Bundesverwaltungsgerichtes handelt.

5.8 Die Akteneinsicht

Die Beteiligten können die Gerichtsakten und die dem Gericht vorgelegten Akten einsehen. Sie können sich durch die Geschäftsstelle auf ihre Kosten Ausfertigungen, Auszüge und Abschriften erteilen lassen (§ 100 VwGO).

Es entspricht dem Grundsatz des rechtlichen Gehörs und auch der im Verwaltungsprozeß eingetretenen Gleichrangigkeit der Prozeßparteien, daß auch der Kläger die gesamten Gerichtsakten einschließlich der Verwaltungsakten einsehen kann. Lediglich die Entwürfe zu Urteilen, Beschlüssen und Verfügungen, die Arbeiten zu ihrer Vorbereitung und die Schriftstücke, die die innergerichtlichen Abstimmungen betreffen, dürfen nicht eingesehen werden. Akten, die nach § 29 VwVfG geheimgehalten werden müssen (vgl. Kapitel 3, 1.13), fallen nicht unter das Akteneinsichtsrecht, denn die Behörden sind zur Vorlage von Urkunden oder Akten nicht verpflichtet, wenn das Wohl des Bundes oder eines Landes Nachteile erleiden würde oder wenn die Vorgänge nach diesem Gesetz oder ihrem Wesen nach geheimgehalten werden müssen. In diesem Fall kann die zuständige oberste Aufsichtsbehörde die Urkunden- oder Aktenvorlage verweigern. Auf Antrag eines Prozeßbeteiligten entscheidet dann das Gericht der Hauptsache durch Beschluß, ob ausreichend glaubhaft gemacht ist, daß die Akten verweigert werden können. Es steht im Ermessen des Vorsitzenden, ob die Gerichtsakten und Behördenakten einem bevollmächtigten Rechtsanwalt zur Mitnahme in seine Wohnung oder in seine Geschäftsräume übergeben werden. Leider handhaben die Verwaltungsgerichte diese Möglichkeit sehr zurückhaltend. Sie verhalten sich in krassem Widerspruch zu allen anderen Gerichten (auch den Strafgerichten). Das dieser Handhabung zum Ausdruck kommende Mißtrauen gegenüber der Anwaltschaft ist durch nichts zu rechtfertigen, nachdem Rechtsanwälte „Organe der Rechtspflege" sind und selbstverständlich die Verpflichtung haben, die Akten vollständig und geordnet dem Gericht zurückzugeben.

5.9 Die mündliche Verhandlung und Beweisaufnahme

Grundsätzlich wird in allen Klageverfahren (außer es wird durch Vorbescheid oder Gerichtsbescheid entschieden) eine mündliche Verhandlung durchgeführt. Auf sie kann nur verzichtet werden, wenn alle Beteiligten mit einer Entscheidung im schriftlichen Verfahren einverstanden sind. Sobald der Termin zur mündlichen Verhandlung feststeht, sind die Beteiligten mit einer Ladungsfrist von mindestens zwei Wochen (bei dem Bundesverwaltungsgericht vier Wochen) zu laden, wobei in dringenden Fällen der Vorsitzende die Frist abkürzen kann. In der Ladung muß darauf hingewiesen werden, daß beim Ausbleiben eines Beteiligten auch ohne ihn verhandelt und entschieden werden kann.

Das Gericht ist befugt, nach seinem eigenen Ermessen das persönliche Erscheinen eines Beteiligten anzuordnen. Für den Fall des Ausbleibens kann es ein Ordnungsgeld androhen und bei schuldhaftem Ausbleiben auch festsetzen. Es kann den Behörden aufgeben, zur mündlichen Verhandlung einen Beamten oder Angestellten zu entsenden, der vertretungsbefugt und über die Sach- und Rechtslage unterrichtet ist.

Der Vorsitzende eröffnet und leitet die mündliche Verhandlung. Zunächst trägt der Vorsitzende oder der Berichterstatter den wesentlichen Akteninhalt vor, damit alle Beteiligten einschließlich der ehrenamtlichen Richter, über sämtliche wesentlichen Vorgänge des Prozesses informiert sind.

Anschließend erhalten die Beteiligten das Wort und können ihre Anträge stellen und begründen. Gleichzeitig erörtert der Vorsitzende den Beteiligten die tatsächliche und rechtliche Lage des Verfahrens. Er gestattet jedem Mitglied des Gerichts, Fragen zu stellen und weist auch die Beteiligten auf etwaige Bedenken in der Antragstellung oder Prozeßführung hin.

! Das Rechtsgespräch ist von wesentlicher Bedeutung, denn das Gericht gibt hierbei ungefähr zu erkennen, welche Chancen der Prozeß hat.

Bei den Verwaltungsgerichten wird „plädiert", das bedeutet aber nicht, daß rechtsunkundige Parteien selbst rechtskundige Ausführungen machen müssen, vielmehr genügt es, den eigenen Standpunkt in tatsächlicher und rechtlicher Hinsicht klarzulegen. Auf alle Fälle müssen aber die Anträge gestellt werden, wobei gegebenenfalls der Vorsitzende behilflich ist.

Nach der Erörterung der Streitsache erklärt der Vorsitzende die mündliche Verhandlung für geschlossen. Das Gericht verkündet entweder einen Beschluß, wonach ein Termin zur Verkündung der Entscheidung festgesetzt wird oder es verkündet nach Beratung sofort das Urteil. Es kann auch beschließen, im schriftlichen Weg zu entscheiden und die Entscheidung den Beteiligten zuzustellen.

Kapitel 4   Der Verwaltungsprozeß

In der mündlichen Verhandlung oder auch schon vorher kann eine **Beweisaufnahme** stattfinden. Beweismittel ist vor allem der Augenschein, der in Bausachen, Kommunalabgabensachen, Immissionsschutzsachen etc. eine wichtige Rolle spielt: Ein beauftragter Richter oder das ganze Gericht sehen sich die Örtlichkeiten genau an. Weitere Beweismittel sind Urkunden, Zeugenaussagen und Sachverständige.

Nicht endgültig geklärt ist die Frage, ob als Sachverständige auch Behörden oder Behördenmitglieder dienen können. Es bestehen erhebliche Bedenken, Fachbehörden als Gutachter zuzulassen, wenn sie der beklagten Körperschaft angehören (z. B. dem entsprechenden Land).

- *Die Regierung von S. hat ein Sachgebiet „Immissionsschutz". Sie war Widerspruchsbehörde bezüglich einer immissionsschutzrechtlichen Auflagenanordnung. Ihr Immissionstechniker hat im Widerspruchsverfahren die Auffassung vertreten, die Anordnung sei rechtmäßig, worauf der Widerspruch zurückgewiesen wurde.*

    Das Verwaltungsgericht sollte jetzt nicht den Techniker der Widerspruchsbehörde als Sachverständigen im Verwaltungsprozeß beauftragen, sondern auf einen öffentlich bestellten und vereidigten Gutachter zurückgreifen (außer alle Beteiligten sind mit der Beauftragung des Technikers der Widerspruchsbehörde einverstanden).

!○ Der Versuch eines Verwaltungsgerichts, einen Beamten der gegnerischen Gebietskörperschaft als Sachverständigen zu bestellen, sollte mit einem Antrag auf Ablehnung des Sachverständigen wegen Besorgnisses der Befangenheit beantwortet werden.

Von den Parteien in Auftrag gegebene Privatgutachten sind gerichtlich nicht verwertbar, sofern sie nicht von allen Beteiligten anerkannt oder von einem unabhängigen Sachverständigen bestätigt werden. Vorprozessual in Auftrag gegebene Sachverständigengutachten sind daher in einem Verwaltungsprozeß selten verwendbar, die Kosten zumeist nicht erstattungsfähig.

5.10   Der gerichtliche Vergleich

Die Beteiligten können zur Niederschrift des Gerichts oder eines Beauftragten oder des ersuchten Richters bzw. in der mündlichen Verhandlung einen Vergleich schließen, um den geltend gemachten Anspruch vollständig oder zum Teil zu erledigen (§ 106 VwGO).

Der Vergleich kann wirksam nur vor dem mit der Sache befaßten Gericht geschlossen werden.

Am Vergleich müssen nur der Kläger und der Beklagte beteiligt sein, eine **Zustimmung** oder Beteiligung eines **Beigeladenen** oder des Vertreters des öffentlichen Interesses ist **nicht notwendig**. Allerdings kann eine Regelung zwischen Kläger und Beklagtem, die einen Beigeladenen neu belastet, von diesem mit den Rechtsmitteln gegen einen Verwaltungsakt angefochten werden:

- *Ein Bauherr verfolgt mit einer Verpflichtungsklage die Erteilung einer Baugenehmigung, die den Grenzabstand zum Nachbarn unterschreiten würde. Der Nachbar wurde von dem Gericht notwendig beigeladen. In der mündlichen Verhandlung schließen der Kläger und der Vertreter der Baugenehmigungsbehörde als unmittelbare Prozeßparteien einen Vergleich, wonach von der Einhaltung der Abstandsfläche eine Ausnahme gemacht und die Baugenehmigung dann erteilt wird. Es ist nicht notwendig, daß der Nachbar diesem Vergleich zustimmt; das Gericht muß den Vergleich protokollieren und hinnehmen. Der Vergleich bzw. die aufgrund des Vergleichs ergangene Baugenehmigung stellt aber einen neuen Verwaltungsakt dar, den der Nachbar mit Widerspruch anfechten kann. Stimmt er dem Vergleich zu, hat er keine Rechtsmittel gegen die Baugenehmigung.*

Vergleiche können widerruflich geschlossen werden. In diesem Fall muß der Widerruf innerhalb der Widerrufsfrist schriftlich bei Gericht eingehen. Gerichtliche Vergleiche unter einer Bedingung sind nicht möglich.

5.11 Das verwaltungsgerichtliche Urteil

Im Urteil entscheidet das Gericht nach seiner freien und aus dem Gesamtergebnis des Verfahrens gewonnenen Überzeugung. Dabei müssen die Gründe enthalten sein, die für die richterliche Überzeugung leitend sind.

Das Urteil darf sich nur auf Tatsachen und Beweisergebnisse stützen, zu denen sich die Beteiligten äußern konnten.

Über die Zulässigkeit der Klage kann ein Zwischenurteil vorab erlassen werden. Das kann zweckmäßig sein, wenn über die Zulässigkeit einer Klage gestritten wird (z. B. ob bei versäumter Klagefrist ein Wiedereinsetzungsgrund vorliegt).

Das Gericht kann auch ein **Teilurteil** erlassen, wenn nur ein Teil des Streitgegenstandes zur Entscheidung reif ist. Teilurteile sind selten.

Ist im Rahmen einer allgemeinen Leistungsklage ein Anspruch nach Grund und Höhe des Betrages streitig, so kann das Gericht durch Zwischenurteil über den Anspruchsgrund entscheiden und, wenn der Anspruch für begründet erklärt wird, anordnen, daß nun über die Höhe zu verhandeln ist.

Das Urteil wird im Falle einer mündlichen Verhandlung regelmäßig in demselben Termin verkündet. In besonderen Fällen wird sofort nach Schließung der mündlichen Verhandlung vom Gericht ein Termin festgesetzt, in dem die Entscheidung verkündet wird. Dieser soll nicht mehr als zwei Wochen nach dem Schluß der mündlichen Verhandlung liegen. Das verwaltungsgerichtliche Urteil muß zugestellt werden. Statt seiner Verkündung ist auch nur die Zustellung des Urteils zulässig. Allerdings **muß** das Urteil dann innerhalb von zwei Wochen nach der mündlichen Verhandlung der Geschäftsstelle zumindest in Form der unterschriebenen Urteilsformel übergeben werden.

Auf eine Verletzung dieser Formvorschrift kann ein Rechtsmittel nur gestützt werden, wenn der zeitliche Abstand zwischen Verhandlung und Entscheidung so groß ist, daß bei der Abfassung des Urteils das Ergebnis der Verhandlung den Richtern nicht mehr klar gegenwärtig gewesen sein kann. Dies ist nach Auffassung des Bundesverwaltungsgerichts spätestens bei fünf Monaten anzunehmen.

Schreibfehler, Rechenfehler oder ähnliche offenbare Unrichtigkeiten können vom Gericht jederzeit durch Beschluß der drei Berufsrichter berichtigt werden.

Enthält die Sachverhaltsdarstellung des Urteils (Tatbestand) andere Unrichtigkeiten oder Unklarheiten, kann die Berichtigung innerhalb von zwei Wochen nach Zustellung des Urteils beantragt werden. Hierüber entscheidet das Gericht durch Beschluß.

Das Urteil kann auch ergänzt werden, wenn ein Antrag oder seine Kostenfolge bei der gerichtlichen Entscheidung versehentlich ganz oder zum Teil übergangen worden ist. Ein Ergänzungsantrag muß binnen zwei Wochen nach Zustellung des Urteils gestellt werden. Hierüber findet eine mündliche Verhandlung statt, die nur den nicht erledigten Teil des Prozesses zum Gegenstand hat. Die Entscheidung ergeht durch Ergänzungsurteil.

5.12 Der verwaltungsgerichtliche Beschluß

Die Entscheidungen des Verwaltungsgerichts, die nicht durch Urteil gefällt werden, sind Beschlüsse. Sie werden von den drei Berufsrichtern gefällt und müssen begründet werden, wenn gegen sie ein Rechtsmittel möglich ist oder wenn sie selbst über ein Rechtsmittel entscheiden.

6 Berufung und Beschwerde

6.1 Die Berufung

Gegen Urteile und Gerichtsbescheide des Verwaltungsgerichts können die Beteiligten (auch der Beigeladene und der Vertreter des öffentlichen Interesses) Berufung an das Oberverwaltungsgericht einlegen.

Die Berufung ist ein Rechtsmittel, mit dem der gesamte Sachverhalt nochmals zur Überprüfung und Entscheidung eines Obergerichts gestellt wird. Berufung kann nur derjenige einlegen, der durch die Entscheidung des Verwaltungsgerichts „beschwert" ist, also in irgendeiner Form unterlegen ist.

Beträgt der Wert des Beschwerdegegenstandes bei einer Klage, die eine Geldleistung oder einen auf Geldleistung gerichteten Verwaltungsakt betrifft, nur bis zu DM 500, — oder bei einer Erstattungsstreitigkeit zwischen juristischen Personen des öffentlichen Rechts oder Behörden bis zu DM 5000, —, ist die Berufung nur möglich, wenn sie durch das Verwaltungsgericht zugelassen wird, es sei denn, die Berufung betrifft wiederkehrende Leistungen für mehr als ein Jahr. Gegen Gerichtsbescheide ist die Berufung immer ohne Rücksicht auf die Höhe des Beschwerdewertes zulässig, da in erster Instanz nicht mündlich verhandelt wurde.

Die Berufung muß bei dem Gericht, dessen Entscheidung angefochten wird (Verwaltungsgericht), innerhalb eines Monats nach Zustellung des vollständigen Urteils schriftlich oder zur Niederschrift des Urkundsbeamten der Geschäftsstelle eingelegt werden. Die Berufungsfrist ist auch gewahrt, wenn die Berufung innerhalb der Frist bei dem Oberverwaltungsgericht eingeht.

Die Berufungsschrift muß das angefochtene Urteil bezeichnen und einen bestimmten Antrag enthalten. Die zur Begründung dienenden Tatsachen und Beweismittel sollen angegeben werden (§ 124 VwGO).

Der wesentliche Unterschied der Berufungsschrift zur erstinstanzlichen Klageschrift liegt in der Notwendigkeit des Antrags. Der **Berufungsantrag** muß dahingehend lauten, daß

▷ das Urteil des Verwaltungsgerichts aufgehoben wird, soweit der Berufungsführer durch das Urteil beschwert ist **und**

▷ der in dem Verfahren vor dem Verwaltungsgericht gestellte Antrag wiederholt wird (der genaue Wortlaut ergibt sich entweder aus dem Protokoll oder dem „Tatbestand" des Urteils).

Hat in einem der oben genannten Fälle das Verwaltungsgericht die Berufung nicht zugelassen, so kann hiergegen beim Verwaltungsgericht Beschwerde eingelegt werden, über die das Oberverwaltungsgericht entscheidet. Die Beschwerde ist begründet, wenn die Rechtssache grundsätzliche Bedeutung hat oder das Urteil des Verwaltungsgerichts von einer Entscheidung des Bundesverwaltungsgerichts abweicht oder im Falle eines Verfahrensmangels die Entscheidung des Verwaltungsgerichts auf eben dem Verfahrensmangel beruhen kann. Für das Berufungsverfahren gelten die Vorschriften über das verwaltungsgerichtliche Verfahren (vor allem auch zur Beweisaufnahme und zum Gang der mündlichen Verhandlung) entsprechend (vgl. 5.4 bis 5.10).

Die Berufung kann bis zur Rechtskraft des Urteils zurückgenommen werden. Sobald die Anträge in der mündlichen Verhandlung gestellt sind, muß für die Berufungsrücknahme die Einwilligung des Beklagten und des Vertreters des öffentlichen Interesses, nicht aber des Beigeladenen, vorliegen. Durch die Berufungsrücknahme ist die Berufung erledigt, so daß das Gericht nur noch durch Beschluß über die Kostenfolge entscheidet (§ 126 VwGO).

!° Auch für die Berufungsrücknahme gilt das zur Widerspruchs- und Klagerücknahme Ausgeführte: Es sollte immer geprüft werden, ob bei Verpflichtungsklagen nicht der ursprünglich gestellte Antrag im Verwaltungsverfahren zurückgenommen werden sollte, um eine Rechtskraft der Ablehnung zu verhindern (vgl. 5.5, sowie Kapitel 3, 1.2.3 und 7.9).

Im Berufungsverfahren eines Beteiligten kann von den anderen Beteiligten Anschlußberufung eingelegt werden, auch wenn sie selbst die Berufungsfrist versäumt haben. Wird die Anschlußberufung erst nach Ablauf der Berufungsfrist eingelegt, so wird sie unwirksam, wenn die Hauptberufung zurückgenommen wird oder unzulässig ist.

Die Möglichkeit der Anschlußberufung verhindert, daß den Beteiligten, die im Vertrauen auf die Beständigkeit des erstinstanzlichen Urteils kein Rechtsmittel eingelegt haben, dadurch ein Nachteil entsteht, daß nur der Gegenstand der Berufung entschieden wird. Durch die Anschlußberufung können sie selbst auch den ganzen Prozeßteil, der sie belastet, einer Entscheidung des Berufungsgerichts zuführen.

Das Berufungsgericht prüft den Streitfall entsprechend dem Berufungsantrag, jedenfalls aber nicht in weiterem Umfang als das Verwaltungsgericht. Es berücksichtigt auch neu vorgebrachte Tatsachen und neue Beweismittel. Es entscheidet selbst über die Berufung durch Urteil, es sei denn, es verweist den Prozeß an das Verwaltungsgericht zurück. Letzteres geschieht nur, wenn das Verwaltungsgericht noch nicht in der Sache entschieden hatte (z. B. wegen angeblicher Unzulässigkeit der Klage), das Verfahren an einem wesentlichen Verfahrensmangel leidet oder neue Tatsachen oder Beweismittel bekannt werden, die für die Entscheidung wesentlich sind. Das Oberverwaltungsgericht muß aber nicht an das Verwaltungsgericht zurückverweisen.

Hält das Berufungsgericht die Berufung einstimmig für unbegründet und eine mündliche Verhandlung nicht für erforderlich, kann es die Berufung durch Beschluß ohne mündliche Verhandlung zurückweisen. Die Beteiligten müssen vorher schriftlich gehört werden. Die Möglichkeit der Zurückweisung durch Beschluß entspricht dem Gerichtsbescheid des Verwaltungsgerichts. Ein derartiges Vorgehen ist aber nur in einer Instanz möglich:

> Hat das Verwaltungsgericht bereits durch Gerichtsbescheid entschieden, muß in der Berufungsinstanz eine mündliche Verhandlung durchgeführt werden.

6.2 Die Beschwerde

Gegen die Entscheidungen des Verwaltungsgerichts, die nicht Urteile, Vorbescheide oder Gerichtsbescheide sind, sowie gegen Entscheidungen des Vorsitzenden des Verwaltungsgerichts steht den Beteiligten oder sonst von der Entscheidung Betroffenen die Beschwerde an das Oberverwaltungsgericht zu, soweit nicht in der Verwaltungsgerichtsordnung etwas anderes bestimmt ist.

Eine Beschwerde gegen prozeßleitende Verfügungen, Aufklärungsanordnungen, Vertagungs- oder Fristbestimmungsbeschlüsse, Beweisbeschlüsse, Ablehnung von Beweisanträgen und Beschlüsse über Verbindung und Trennung von Verfahren ist **nicht möglich (§ 146 VwGO).**

Darüber hinaus ist eine Beschwerde gegen die Nichtzulassung der Berufung oder der Revision nicht möglich, wenn der Beschwerdewert DM 100,— nicht übersteigt. In allen anderen Fällen ist die Beschwerde möglich, die bei dem Gericht, von dem oder von dessen Vorsitzenden die angefochtene Entscheidung erlassen wurde, schriftlich oder zur Niederschrift des Urkundsbeamten der Geschäftsstelle innerhalb von zwei Wochen nach Bekanntgabe der Entscheidung eingelegt werden muß.

Im Beschwerdeverfahren hat das Verwaltungsgericht die Möglichkeit, der Beschwerde abzuhelfen, wenn es sie für begründet hält. Ansonsten muß es die Beschwerde dem Verwaltungsgericht vorlegen und die Beteiligten hiervon in Kenntnis setzen.

Über die Beschwerde entscheidet das Oberverwaltungsgericht durch Beschluß, ein Rechtsmittel hiergegen ist nicht möglich. Nahezu alle Beschlüsse des Oberverwaltungsgerichts können nicht mit einer Beschwerde angefochten werden. Lediglich gegen einen Beschluß, der die Berechtigung der Behörde betrifft, geheimzuhaltende Akten nicht vorzulegen, ferner gegen einen Beschluß, mit dem die Berufung als **unzulässig** verworfen wird, und gegen die Entscheidung, die **Revision nicht zuzulassen,** ist die **Beschwerde** an das Bundesverwaltungsgericht **möglich.**

Kapitel 4   Der Verwaltungsprozeß

7   Die Revision

Die Revision ist das äußerste Rechtsmittel der Verwaltungsgerichtsordnung. Sie richtet sich an das Bundesverwaltungsgericht und dient ausschließlich der Überprüfung auf Verfahrensfehler oder Rechtsfragen, die **Bundesrecht** betreffen. Die richtige Anwendung **landesrechtlicher** Vorschriften kann das Bundesverwaltungsgericht nicht überprüfen. Eine Ausnahme gilt nur für Vorschriften der Verwaltungsverfahrensgesetze der Länder, die wortgleich mit dem Verwaltungsverfahrensgesetz des Bundes sind. Die Revision ist nur zulässig, wenn sie durch das Berufungsgericht ausdrücklich mit der Begründung zugelassen wird, die Rechtssache habe grundsätzliche Bedeutung oder das Berufungsgericht weiche von einer Entscheidung des Bundesverwaltungsgerichts ab. Gegen die Nichtzulassung der Revision durch das Berufungsgericht kann die Beschwerde an das Bundesverwaltungsgericht erhoben werden, die bei dem Berufungsgericht einzulegen ist.

Auf die Verfahrenseinzelheiten soll nicht näher eingegangen werden, denn bereits für die Beschwerde gegen die Nichtzulassung der Revision, aber auch für das Revisionsverfahren vor dem Bundesverwaltungsgericht, ist die Vertretung durch einen Rechtsanwalt oder einen Rechtslehrer an einer deutschen Hochschule vorgeschrieben.

!   Ist ein Beteiligter mit der Entscheidung eines Oberverwaltungsgerichts nicht einverstanden, soll er sich **unverzüglich** an einen Rechtsanwalt wenden, damit dieser noch genug Zeit hat, den Prozeßstoff zu überprüfen und gegebenenfalls die Nichtzulassungsbeschwerde anzufertigen oder die Revisionsschrift einzusenden.

8   Die Wiederaufnahme des Verfahrens

In besonders seltenen Fällen kann ein rechtskräftig abgeschlossenes gerichtliches Verfahren wiederaufgenommen werden. Dies ist vor allem der Fall, wenn das Verfahren an einem besonders schwerwiegenden Verfahrensfehler leidet (Nichtigkeitsklage) oder wenn die gerichtliche Entscheidung auf z. B. verfälschten oder in ähnlicher Weise fehlerhaften Grundlagen beruht. Gegenstand einer Wiederaufnahmeklage sind Urteile, Vorbescheide, Gerichtsbescheide und solche Beschlüsse, die das Verfahren rechtskräftig abschließen.

9   Kosten und Vollstreckung

Im verwaltungsgerichtlichen Verfahren trägt der Unterliegende die Kosten des Verfahrens. Der Beigeladene kann Kosten nur auferlegt erhalten, wenn er selbst Anträge gestellt oder Rechtsmittel eingelegt hat (vgl. 4.2).

Wenn ein Beteiligter teilweise siegt und teilweise unterliegt, werden die Kosten gegeneinander aufgehoben oder verhältnismäßig geteilt. Kostenaufhebung bedeutet, daß die Gerichtskosten jedem Teilnehmer zur Hälfte zur Last fallen und die außergerichtlichen Kosten (z. B. Rechtsanwaltskosten) von jeder Partei selbst zu tragen sind. Nimmt ein Beteiligter eine Klage oder ein Rechtsmittel zurück, so muß er die Kosten tragen.

Eine **Kostenentscheidung** kann nur mit dem Rechtsmittel gegen die Hauptsache angefochten werden. Ein **Rechtsmittel** gegen die Kostenentscheidung allein ist **nicht möglich.**

Wird der Rechtsstreit durch einen Vergleich erledigt und ist in diesem Vergleich keine Bestimmung über die Kostenverteilung getroffen, so gelten die Kosten als gegeneinander aufgehoben; die Gerichtskosten fallen dann jedem Teil zur Hälfte zur Last.

Hat sich der Rechtsstreit in der Hauptsache erledigt (z. B. durch Antragsrücknahme im Verwaltungsverfahren oder durch Erlaß eines Verwaltungsaktes während des Prozesses), entscheidet das Gericht über die Kostentragung und -verteilung nach billigem Ermessen. In den Fällen der Untätigkeitsklage fallen die Kosten immer dem Beklagten zur Last, wenn der Kläger mit einer Entscheidung vor Klageerhebung rechnen durfte, die Entscheidung nach Klageerhebung ergeht und vom Kläger angenommen wird.

Zu den Kosten gehören die Gerichtskosten und die zur zweckentsprechenden Rechtsverfolgung notwendigen Aufwendungen einschließlich der Kosten des Widerspruchsverfahrens. Die Gebühren und Auslagen eines Rechtsanwalts oder Rechtsbeistandes (in Steuersachen auch die Gebühren eines Steuerberaters) sind stets erstattungsfähig. Im Widerspruchsverfahren gilt dies nur, wenn das Gericht die Zuziehung eines Bevollmächtigten für notwendig erklärt (Regelfall). Die Festsetzung der Kosten wird vom Urkundsbeamten des Verwaltungsgerichts vorgenommen.

Die Vollstreckung verwaltungsgerichtlicher Urteile spielt in der Praxis nahezu keine Rolle, da sich verurteilte Behörden regelmäßig an die Verurteilung halten und sie befolgen. Auf die Vollstreckung muß daher nicht weiter eingegangen werden.

Kapitel 5

Aufschiebende Wirkung, Sofortvollzug und einstweilige Anordnung

1 Allgemeines

Ein Verwaltungsakt wird mit seiner Bekanntgabe zunächst wirksam (vgl. Kapitel 3, 2.8). Rechtsmittel gegen Verwaltungsakte haben aufschiebende Wirkung, so daß die Wirksamkeit des Verwaltungsaktes zunächst entfällt. Hierdurch ergeben sich in der Praxis vielfältige Probleme, die vor allem im Bau- und Immissionsschutzrecht sowie im Kommunalabgabenrecht von erheblicher Bedeutung sind.

2 Die aufschiebende Wirkung

Widerspruch und Anfechtungsklage haben aufschiebende Wirkung. Das gilt nicht

▷ **bei der Anforderung von öffentlichen Abgaben und Kosten,**
▷ **bei unaufschiebbaren Anordnungen und Maßnahmen von Polizeivollzugsbeamten,**
▷ **in anderen durch ein Bundesgesetz vorgeschriebenen Fällen (§ 80 VwGO).**

Die aufschiebende Wirkung gilt für alle Verwaltungsakte. Von Bedeutung ist sie für Verwaltungsakte mit Doppelwirkung, sofern diese von dem belasteten Beteiligten angegriffen werden:

- *Der Nachbar erhebt gegen eine Baugenehmigung Widerspruch. Hierdurch verliert die Baugenehmigung ihre Wirkung: Mit dem Bau darf nicht begonnen werden; Bauarbeiten, die schon begonnen haben, werden von der Baugenehmigungsbehörde durch Verwaltungsakt (Einstellungsverfügung) eingestellt. Gegen diese Einstellungsverfügung kann ebenfalls Widerspruch eingelegt werden, wodurch auch die Einstellungsverfügung nicht wirksam wird. Allerdings sind Einstellungsverfügungen meistens für sofort vollziehbar erklärt (vgl. 3).*

Kapitel 5   Aufschiebende Wirkung, Sofortvollzug und einstweilige Anordnung

Beitragsforderungen von Gemeinden oder Forderungen anderer öffentlicher Abgaben und Kosten sind immer sofort vollziehbar. Rechtsmittel dagegen haben keine aufschiebende Wirkung.

- *Ein Erschließungsbeitragsbescheid berechnet den Erschließungsbeitrag für ein Grundstück falsch. Zum einen ist von einer falschen Grundstücksfläche, zum anderen von einer überhöhten zulässigen Geschoßfläche ausgegangen worden. Trotz Widerspruchs muß der Betroffene den Beitrag zu dem im Bescheid bestimmten Zeitpunkt bezahlen. Wird das Widerspruchsverfahren oder der Verwaltungsprozeß gewonnen, wird der Beitrag von der Gemeinde zurückerstattet.*

Nicht verwechselt werden dürfen mit „öffentlichen Abgaben" die Gebührenfestsetzungen in behördlichen Bescheiden:

- *Wird z. B. in einer Baugenehmigung oder einem zurückweisenden Widerspruchsbescheid eine Bearbeitungsgebühr festgesetzt und angefordert, so ist auch diese Gebührenanforderung von der aufschiebenden Wirkung betroffen, wenn die Hauptsacheentscheidung nicht sofort vollziehbar ist.*

Unaufschiebbare Anordnungen und Maßnahmen von Polizeivollzugsbeamten sind immer sofort vollziehbar.

3   Die Anordnung der sofortigen Vollziehung

Die Behörde, die den Verwaltungsakt erlassen hat oder über den Widerspruch entscheidet, kann die sofortige Vollziehung eines Verwaltungsaktes anordnen, wenn dies im öffentlichen Interesse oder im überwiegenden Interesse eines Beteiligten liegt. Sie muß das besondere Interesse an der sofortigen Vollziehung des Verwaltungsaktes schriftlich begründen, außer sie handelt bei Gefahr in Verzug für Leben, Gesundheit oder Eigentum und bezeichnet den Sofortvollzug als Notstandsmaßnahme im öffentlichen Interesse (§ 80 Abs. 2 Ziffer 4, Abs. 3 VwGO).

Die Anordnung eines Sofortvollzugs kommt nur in Betracht, wenn der angefochtene Verwaltungsakt ganz eindeutig rechtmäßig, also das Rechtsmittel unzulässig, **offensichtlich unbegründet** oder rechtsmißbräuchlich ist. In diesem Fall wird von der Behörde genau überprüft, ob das öffentliche Interesse am Vollzug des Verwaltungsaktes oder das Interesse des Rechtsmittelführers vorrangig ist. Die Behörde muß bei ihrer Entscheidung die einzelnen Interessen sorgfältig gegeneinander abwägen.

Bei Verwaltungsakten mit **Doppelwirkung** sind auch die Interessen des Begünstigten mit den Interessen des Belasteten sorgfältig abzuwägen. Gerade in diesen Fällen muß das Rechtsmittel des belasteten Beteiligten offensichtlich aussichtslos sein. Das gilt verschärft, wenn durch den Sofortvollzug Tatsachen geschaffen werden, die bei einem Erfolg des Rechtsmittels nicht mehr rückgängig zu machen sind.

- *Zugunsten eines Bauherrn ist der Sofortvollzug nur anzuordnen, wenn der Widerspruch des Nachbarn unzulässig oder ganz offensichtlich aussichtslos ist: Der Nachbar rügt z. B. die Verletzung städtebaulicher Gesichtspunkte hinsichtlich eines Vorhabens, das sein Grundstück in keiner Weise oder nur ganz geringfügig beeinträchtigt.*

Die Behörde muß die Anordnung der sofortigen Vollziehung sorgfältig und genau begründen. Sie verlangt in den meisten Fällen eine Risiko- und Verpflichtungserklärung von dem Begünstigten, daß keinerlei Schadenersatzansprüche aus dem Sofortvollzug hergeleitet werden, wenn das Rechtsmittel des Belasteten später doch erfolgreich sein sollte. In der Praxis spielt der Sofortvollzug eine außerordentlich große Rolle, da er durch die Verwaltungsgerichte in Eilverfahren überprüft werden kann (vgl. 5). Durch diese Eilverfahren kann oft eine rasche Klärung herbeigeführt werden, ob das Verwaltungsgericht irgendwelche Probleme bei der Verwirklichung des Verwaltungsaktes sieht. Es fallen heute die sachlichen Entscheidungen häufig in Eilverfahren, da viele Beteiligte die lange Dauer der verwaltungsgerichtlichen Klage- und Berufungsverfahren nicht abwarten wollen oder können.

4 Die Aussetzung der sofortigen Vollziehung nach § 80 Abs. 4 VwGO

Nach Einlegung eines Widerspruchs kann die Widerspruchsbehörde bei allen sofort vollziehbaren Verwaltungsakten die sofortige Vollziehung aussetzen. Bei der Anforderung von öffentlichen Abgaben und Kosten kann sie hierbei eine Sicherheitsleistung (z. B. Bürgschaft) verlangen. Bei öffentlichen Abgaben und Kosten soll die Aussetzung erfolgen, wenn ernsthafte Zweifel an der Rechtmäßigkeit des angegriffenen Verwaltungsaktes bestehen oder wenn die Vollziehung für den Abgaben- oder Kostenpflichtigen eine unbillige und nicht durch überwiegende öffentliche Interessen gebotene Härte zur Folge hätte (§ 80 Abs. 4 VwGO).

5 Der Antrag nach § 80 Abs. 5 VwGO

5.1 Die Wiederherstellung der aufschiebenden Wirkung

Auf Antrag kann das für das Hauptsache-Rechtsmittel zuständige Gericht (Verwaltungsgericht oder Oberverwaltungsgericht) die aufschie-

bende Wirkung für die Rechtsmittel gegen öffentliche Abgaben und Kosten und Polizeivollzugsmaßnahmen anordnen oder die aufschiebende Wirkung für das Rechtsmittel wiederherstellen, wenn die Behörde den Sofortvollzug fehlerhaft angeordnet hat. Ein derartiger Antrag ist schon während des Widerspruchsverfahrens vor Erhebung der Anfechtungsklage zulässig. In diesem Fall ist das Verwaltungsgericht zuständig.

Die Wiederherstellung der aufschiebenden Wirkung kann von einer Sicherheitsleistung oder anderen Auflagen abhängig gemacht und befristet werden (§ 80 Abs. 5 VwGO).

Das in der Hauptsache zuständige Gericht (der Antrag kann auch erst in der Berufungsinstanz gestellt werden) muß auf einen solchen Antrag im Eilverfahren überschlägig die Erfolgsaussichten des Rechtsmittels überprüfen. Werden durch die Ausnutzung eines Verwaltungsaktes mit Doppelwirkung unverrückbare Tatsachen geschaffen, hat der Antrag immer Erfolg, wenn das Gericht nicht zu dem Ergebnis kommt, daß die Rechtsmittel des Belasteten unzulässig oder ganz offensichtlich unbegründet und rechtsmißbräuchlich sind.

5.2 Der Antrag auf Anordnung der sofortigen Vollziehung

Ist das Rechtsmittel eines durch einen Verwaltungsakt mit Doppelwirkung Belasteten voraussichtlich unbegründet und überwiegen die Interessen des Begünstigten an der sofortigen Vollziehung, kann das in der Hauptsache zuständige Gericht (Verwaltungsgericht oder Oberverwaltungsgericht) die Behörde verpflichten, die sofortige Vollziehung des Verwaltungsaktes anzuordnen oder über den Antrag des Begünstigten auf Anordnung der sofortigen Vollziehung unter Beachtung der Rechtsauffassung des Gerichts zu entscheiden.

Diese Möglichkeit wurde von der Rechtsprechung entwickelt, da es verfassungsrechtlich unzulässig wäre, einem Begünstigten die Ausnutzung eines Verwaltungsaktes zu verwehren, wenn der Rechtsbehelf des Belasteten rechtsmißbräuchlich und schikanös ist und die Behörde sich weigert, den Sofortvollzug anzuordnen.

5.3 Rechtsmittel gegen gerichtliche Beschlüsse nach § 80 Abs. 5 VwGO

Entscheidungen nach § 80 Abs. 5 VwGO fällt das Gericht durch Beschluß. Ist es ein Beschluß des Verwaltungsgerichts, kann hiergegen Beschwerde zum Oberverwaltungsgericht eingelegt werden (vgl. Kapitel 4, 6.2). Ein Rechtsmittel gegen einen Beschluß des Oberverwaltungsgerichts (sei es als Beschwerdeinstanz oder als für die Hauptsache zuständiges Gericht) ist nicht möglich.

Beschlüsse über Anträge nach § 80 Abs. 5 VwGO können aber **jederzeit geändert oder aufgehoben werden** (§ 80 Abs. 6 VwGO). Das Gericht der Hauptsache kann also von Amts wegen oder auf Antrag eines Beteiligten einen Beschluß nach § 80 Abs. 5 jederzeit abändern oder aufheben, um einer nachträglich anderen Beurteilung der Sache Rechnung zu tragen. Als Änderung der Umstände ist jede Änderung der maßgeblichen Gesichtspunkte, also auch eine Veränderung der Prozeßlage oder Änderungen der Meinungen in der Rechtsprechung, anzusehen. Für die Entscheidung ist immer das Gericht zuständig, bei dem das Hauptsache-Rechtsmittel derzeit anhängig ist. Ist noch keine Klage anhängig, ist das Verwaltungsgericht zuständig.

6 Die einstweilige Anordnung

Das Gericht der Hauptsache kann auf Antrag auch schon vor Klageerhebung eine einstweilige Anordnung treffen, wenn die Gefahr besteht, daß durch eine Veränderung des bestehenden Zustandes die Verwirklichung eines Rechts vereitelt oder wesentlich erschwert werden könnte. Die einstweilige Anordnung kann auch zur Regelung eines Rechtsverhältnisses ergehen, wenn diese Regelung notwendig ist, um wesentliche Nachteile abzuwenden, drohende Gewalt zu verhindern oder aus anderen Gründen notwendig erscheint (§ 123 VwGO).

Bei Anfechtungsklagen besteht der vorläufige Rechtsschutz im Sofortvollzug und § 80 Abs. 5 VwGO. Für Verpflichtungsklagen kann einstweiliger Rechtsschutz durch eine **einstweilige Anordnung** begehrt werden.

Eine einstweilige Anordnung ist **nicht zulässig**, wenn sie die **Hauptsache vorwegnehmen** würde:

- *Eine einstweilige Anordnung auf Erteilung einer Baugenehmigung ist unzulässig, da die Hauptsache (Verpflichtungsklage auf Erteilung einer Baugenehmigung) vorweggenommen würde.*
- *Ein Schüler wird nicht in die nächsthöhere Klasse versetzt. Hiergegen wird Widerspruch eingelegt und die Versetzung in die nächsthöhere Klasse beantragt. Die Behörde hat drei Wochen vor Beginn des neuen Schuljahrs hierüber noch nicht entschieden. Eine einstweilige Anordnung ist möglich, um dem Schüler den Besuch der nächsthöheren Klasse zu ermöglichen. Sofern Anhaltspunkte für eine fehlerhafte Notengebung vorliegen (in erster Linie*

Kapitel 5 Aufschiebende Wirkung, Sofortvollzug und einstweilige Anordnung

Verfahrensfehler), wird das Gericht die einstweilige Anordnung erlassen, denn hat der Hauptsacherechtsbehelf Erfolg, fände der Schüler in der höheren Klasse keinen Anschluß mehr. Wird die Klage aber abgewiesen, kann der Schüler immer noch die Klasse wiederholen. Der ihm entstehende Schaden ist dann geringer.

Es entscheidet das für die Hauptsache zuständige Gericht. Gegen eine einstweilige Anordnung können die Beteiligten Beschwerde einlegen, es sei denn, es handelt sich um eine Entscheidung des Oberverwaltungsgerichts.

Stichwortverzeichnis

Die Zahlen bezeichnen die Seiten

A

Abhilfeentscheidung 108
Ablehnung
– im Verwaltungsprozeß 133 f.
– im Verwaltungsverfahren 51 f.
Adressat eines Verwaltungsaktes 46, 114
Akteneinsicht
– im Verwaltungsprozeß 134
– im Verwaltungsverfahren 60 f.
Allgemeine Leistungsklage
– Begründetheit 124
– Zulässigkeit 119
Allgemeines Verwaltungsrecht 27
Allgemeinverfügung 39, 40, 63
Amtssprache 54
Anfechtungsklage
– Begründetheit 122
– Zulässigkeit 115
Anhörung
– im förmlichen Verwaltungsverfahren 90 f.
– im Verwaltungsverfahren 56, 58
– im Widerspruchsverfahren 108
– Unterbleiben im Verwaltungsverfahren 58, 59
Anhörungsberechtigte Personen oder Behörden 47
Anhörungsverfahren im Planfeststellungsverfahren 93 ff.
Anordnung 39, 62
– einstweilige 149, 150
Anpassung des öffentlich-rechtlichen Vertrages 88 f.
Anschlußberufung 140
Antrag
– Entgegennahme durch die Behörde 55
– fernschriftlicher 90

– Formfreiheit 53
– im förmlichen Verwaltungsverfahren 90
– im Verwaltungsprozeß 129
– nachträglicher 74
Antragsänderung im Verwaltungsverfahren 53
Antragsbefugnis 53
Antragserfordernis 52
Antragsgegner 46
Antragsrücknahme 43 f., 53, 110
– nach Bekanntgabe oder Rechtsmitteln 43
Antragsteller 46
Auflagen
– modifizierende 66 f., 116
– Planfeststellungsbeschluß 95 f.
– selbständige 66, 116
– Widerruf bei Nichterfüllung 80 f.
Auflagenvorbehalt 67
Aufschiebende Wirkung 109, 145 ff.
Aufsichtsbeschwerde 104 f.
Augenschein
– im Verwaltungsprozeß 136
– im Verwaltungsverfahren 57
Ausgeschlossene Personen im Verwaltungsverfahren 51
Auskunftspflicht der Behörde 55 f.
Auskünfte als Beweismittel 56
Ausländer 46
Auslegungsfristen 100
Außenwirkung 42
Aussetzung
– der sofortigen Vollziehung 147 ff.
– des Verwaltungsprozesses 133
Austauschvertrag 86 f.
Auswahlermessen 31

B

Baulandgerichte 112
Bedingung 65
Befangenheit
– im Verwaltungsprozeß 133 f.
– im Verwaltungsverfahren 51 f.
Befristung 65
Begründetheit
– der Klage 113, 122 ff.
– des Verwaltungsverfahrens 41 f.
Begründung
– des Verwaltungsaktes 67 f., 74
– des Widerspruchsbescheides 109
Beiladung 125 f.
Beistand und Berufung 138
– im Verwaltungsprozeß 127 f.
– im Verwaltungsverfahren 47 f.
Bekanntgabe eines Verwaltungsaktes 69 ff.
Bekanntmachung
– eines Planfeststellungsbeschlusses 96
– öffentliche 70
– und Ermessensbindung 36
– ortsübliche in Massenverfahren 50
Bekanntmachungsfristen 100
Beklagter 125 f.
Belehrungen im Verwaltungsprozeß 124 f.
Beratungspflicht der Behörde 55 f.
Berichtigung von Anträgen im Verwaltungsverfahren 55 f.
Berufung 138 ff.
– Anschlußberufung 140
– Antrag 139
– Berufungsschrift 139
– Beschwerde gegen die Nichtzulassung 139
– des Beigeladenen 138
– Einlegung 139
– Frist 139
– Rücknahme 140
Bescheid 39, 62
Beschluß im Verwaltungsprozeß 138
Beschwerde 141
– gegen die Nichtzulassung der Berufung 139, 141
– gegen die Nichtzulassung der Revision 141

Besonderes Verwaltungsrecht 27
Bestandskraft des Verwaltungsakts 43 f., 71 f.
Bestimmtheit des Verwaltungsaktes 64
Beteiligte
– im Verwaltungsprozeß 125 f.
– im Verwaltungsverfahren 46
Beteiligungsfähigkeit im Verwaltungsverfahren 45
Bevollmächtigte
– im Verwaltungsprozeß 127 f.
– im Verwaltungsverfahren 47 f.
– Zustellung 70
Beweisaufnahme im Verwaltungsprozeß 135 f.
Beweislast im Verwaltungsverfahren 55
Beweismittel im Verwaltungsverfahren 56
Bezugsfall 37
Bundesverwaltungsgericht 112

D

Dienstaufsichtsbeschwerde 104 f.
Doppelwirkung
– eines öffentlich-rechtlichen Vertrages 88
– eines Verwaltungsaktes 63 f., 107, 145 f.

E

Eidesstattliche Versicherung 58
Eilbedürftigkeit 59
Einfache Hinzuziehung 46 f.
Eingaben gleichförmige 49 f.
Einstweilige Anordnung 149 f.
Einwendungen im Planfeststellungsverfahren 94 f.
Empfangsbevollmächtigter 49
Enteignung
– Rechtsweg 112
– und Planfeststellung 97
Entschädigung Rechtsweg 112
Entscheidung gebundene 29 ff., 34, 122
Entschließungsermessen 30, 52
Erforderlichkeit 34 f.

Stichwortverzeichnis

Ergänzung von Anträgen im Verwaltungsverfahren 55 f.
Erlaubnis 62
Erledigung der Hauptsache
— im Verwaltungsprozeß 143
— im Verwaltungsverfahren 43
Ermessen 29 ff.
— und verwaltungsgerichtliche Kontrolle 34, 122
— Bindung 36
— Einschränkung 33 f.
— Entscheidung 30
— Grenzen 32 f., 122
— Handhabung 32
— Reduzierung 33 f., 122
Ermittlungen im Verwaltungsverfahren 54 f.
Erörterung im Verwaltungsprozeß 135
Erörterungstermin im Planfeststellungsverfahren 95

F

Feststellungsinteresse 119
Feststellungsklage
— Begründetheit 124
— Zulässigkeit 118 f.
Fiskalische Tätigkeit 40
Förmliches Verwaltungsverfahren 44, 90 ff.
— Anhörung der Beteiligten 90 f.
— Antrag 90
— Entscheidung 92
— mündliche Verhandlung 91 f.
— Sachverständigengutachten 90
— Zeugen 90
— Zulässigkeit 90
Form
— des Verwaltungsaktes 64 f.
— des öffentlich-rechtlichen Vertrages 88
Formen
— des öffentlich-rechtlichen Vertrages 85
— des Verwaltungshandelns 37 ff.
Formfehler im Verwaltungsverfahren 74 f.
Formfreiheit im Verwaltungsverfahren 44
Formlose Rechtsbehelfe 104 f.

Formvorschriften für den öffentlich-rechtlichen Vertrag 88
Fortsetzungsfeststellungsklage
— Begründetheit 124
— Zulässigkeit 118
Fristen
— Allgemeines 99
— Auslegungsfristen 100
— Bekanntmachungsfristen 100
— Berechnung 100
— Bevollmächtigte 70
— Rechtsbehelfsbelehrung 101
— Wahrung 99
Fristverlängerung 100 f.
Fürsorgepflicht der Behörde 55 f.

G

Gebundene Entscheidung 29 ff.
— und verwaltungsgerichtliche Kontrolle 34, 122
Geeignetheit 34 f.
Gegenvorstellung 104 f.
Geheimhaltung 60 f.
Gemeinsamer Vertreter in Massenverfahren 47, 49 f.
Genehmigung 62
Gerichtsbescheid 131
Gesetzesvorbehalt 37 f.
Gleichförmige Eingaben 49 f.
Gleichheitsgrundsatz 33, 36 f.
Großer Senat beim Bundesverwaltungsgericht 112
Gutachten 57

H

Handlungsfähigkeit im Verwaltungsverfahren 45
Heilung von Verfahrens- und Formfehlern 74 f.
Hinweise im Verwaltungsprozeß 124 f.
Hinweispflicht der Behörde 55 f.
Hinzuziehung zum Verwaltungsverfahren 46 f.

I

Incidentkontrolle 121
Instanzen 111 f.

K

Kläger 125
Klage 128 ff.
– allgemeine Leistungsklage, Begründetheit 124
– allgemeine Leistungsklage, Zulässigkeit 119
– Anfechtungsklage, Begründetheit 122
– Anfechtungsklage, Zulässigkeit 115
– Antrag 129
– Arten 113
– Aussetzung 133
– Begründetheit 113
– Erhebung 128
– Feststellungsklage, Begründetheit 124
– Feststellungsklage, Zulässigkeit 118 f.
– Fortsetzungsfeststellungsklage, Begründetheit 124
– Fortsetzungsfeststellungsklage, Zulässigkeit 118
– Frist 99, 115, 130
– Gegenstand der Anfechtungsklage 115
– Klageänderung 132
– Klagebefugnis 113 f.
– Klagerücknahme 132
– Klageschrift 129
– Normenkontrolle 120
– Popularklage 114
– Prüfungsumfang 121 f.
– Rechtshängigkeit 130
– Ruhen 133
– Trennung 133
– Umfang 131
– Untätigkeitsklage 117 f.
– Verbindung 133
– Verpflichtungsklage, Begründetheit 123
– Verpflichtungsklage, Zulässigkeit 116 f.
– Versagungsgegenklage 116
– vorbeugende Unterlassungsklage 119
– Widerklage 131 f.
– Zulässigkeit 113 ff.
Konversion 75
Kosten
– im Verwaltungsprozeß 142 f.
– im Widerspruchsverfahren 109
Kostenaufhebung 143
Kündigung des öffentlich-rechtlichen Vertrages 88 f.

L

Landesanwaltschaft 127
Leistungsklage
– Begründetheit 124
– Zulässigkeit 119

M

Massenverfahren 49
Mitwirkungspflicht im Verwaltungsverfahren 57
Möglichkeit
– einer Betroffenheit 53
– einer Rechtsverletzung 114
Mündliche Verhandlung
– in förmlichen Verwaltungsverfahren 91 f.
– im Verwaltungsprozeß 135

N

Nachweispflicht 54
Nebenbestimmungen eines Verwaltungsaktes 65 f., 116
Nichtförmlichkeit des Verwaltungsverfahrens 44
Nichtigkeit
– des öffentlich-rechtlichen Vertrages 87 f.
– des Verwaltungsaktes 72 f., 119
Normenkontrolle 120
Notwendige Hinzuziehung 46 f.

O

Oberverwaltungsgericht 112
Öffentliche Bekanntmachung 70

Stichwortverzeichnis

Öffentliches Interesse Vertreter 127
Öffentliches Recht 25
Öffentlich-rechtlicher Vertrag 40, 84 ff.
— Anpassung 88 f.
— Austauschvertrag 86 f.
— Doppelwirkung 88
— Formvorschriften 88
— Kündigung 88 f.
— Nichtigkeit 87 f.
— Vergleichsvertrag 85 f.
— Zulässigkeit 85
Offizialprinzip 52
Ordentliche Gerichte 112

P

Parteifähigkeit 113
Planfeststellungsverfahren 44, 92 ff.
— Anhörungsverfahren 93 ff.
— Auflagen 95 f.
— Bekanntmachung 96
— Einwendungen 94 f.
— Enteignung 97
— Erörterungstermin 95
— nachträgliche Auflagen und Vorkehrungen 97 f.
— Planänderungen 98
— Planfeststellungsbeschluß 95 f.
— Rekultivierung 98
— vereinfachtes Verfahren 98
— Wirkungen 96
— Zustellung 96
Popularklage 114
Privatgutachten 57, 136
Prozeßbevollmächtigte 127 f.
Prozeßfähigkeit 113, 114

R

Rechtliches Gehör 58
Rechtmäßigkeit eines Verwaltungsaktes 29 ff., 106
Rechtsanwalt 26, 48
Rechtsbegriff unbestimmter 31 f., 122
Rechtsbehelfsbelehrung und Fristen 101, 130
Rechtsberatung 48 f.

Rechtsfolge 29
Rechtshängigkeit 130
Rechtsmittelstaat 25
Rechtsschutzbedürfnis 113 f.
Rechtsverletzung 114
Revision 142
Richter 112
— Ablehnung 133 f.
Rückgabe von Urkunden und Sachen 82
Rücknahme
— der Berufung 140
— der Klage 132
— des Antrags im Verwaltungsverfahren 43 f., 53, 110
— des Widerspruchs 110
— eines rechtswidrigen Verwaltungsaktes 76 ff., 82

S

Sachverständigengutachten
— im förmlichen Verwaltungsverfahren 90
— im Verwaltungsverfahren 57
— im Verwaltungsprozeß 136
Satzung 38 f., 62, 120
Sofortige Vollziehung 145 ff.
Soll-Vorschrift 29 f., 122
Spruchreife 123

T

Tatbestand 29
Teilurteil 137
Termine 99 f.
Trennung mehrerer Klagen 133

U

Übermaßverbot 33 f.
Überordnungsverhältnis 28, 111
Umdeutung eines Verwaltungsaktes 75 f.
Unanfechtbare Verfahrensanordnungen 103 f.
Unanfechtbarkeit eines Verwaltungsaktes 43 f., 71, 72
Unaufschiebbare Maßnahmen 51
Unbestimmter Rechtsbegriff 31 f., 122

Stichwortverzeichnis

Ungleichbehandlung 36 f.
Untätigkeitsklage 117 f.
Unterlassungsklage 119
Unterordnungsverhältnis 28, 111
Unterschriftslisten 49 f.
Untersuchungsgrundsatz
— im Verwaltungsprozeß 124 f.
— im Verwaltungsverfahren 54
Urkunden
— im Verwaltungsprozeß 136
— im Verwaltungsverfahren 57
Urteil 137 f.

V

Verbescheidungsurteil 123
Verbindung mehrerer Klagen 133
Verfassungsrecht 25
Verfahrensfehler im Verwaltungsverfahren 74 f.
Verfügung 62
Vergleich
— im Verwaltungsprozeß 136 f.
— Kostenverteilung 143
Vergleichsvertrag 85 f.
Verhältnismäßigkeit 34 f.
Verhandlung
— im förmlichen Verwaltungsverfahren 91 f.
— im Verwaltungsprozeß 135
Verjährung und Verwaltungsakt 83 f.
Verordnung 38 f., 62, 120
Verpflichtungsklage
— Begründetheit 123
— Zulässigkeit 116 f.
Versagungsgegenklage 116
Vertrag öffentlich-rechtlicher 40, 84 ff.
Vertreter
— Bestellung von Amts wegen 49
— des öffentlichen Interesses 127
— im Verwaltungsprozeß 127 f.
— im Verwaltungsverfahren 47 f.
Vertretungszwang
— vor dem Bundesverwaltungsgericht 127 f.

Verwaltungsakt 39, 61 ff.
— Auflagen 66 f., 80 f., 116
— Auflagenvorbehalt 67
— Außenwirkung 63
— Bedingung 65
— Befristung 65
— Begriff 61
— Begründung 67 f., 74
— Bekanntgabe 69, 70 f.
— Bestandskraft 43, 44, 71, 72
— Bestimmtheit 64
— Doppelwirkung 63 f., 107, 145 f.
— Einzelfallregelung 62
— Erledigung 72
— Form 64
— mündlicher 62, 64 f.
— Nebenbestimmungen 65 ff.
— Nichtigkeit 72 f.
— Rechtmäßigkeit 29 ff., 106
— Rücknahme 76 ff., 82
— stillschweigender 62
— Umdeutung 75 f.
— Unanfechtbarkeit 43 f., 71 f.
— Verjährung 83 f.
— Widerruf 79 ff.
— Widerrufsvorbehalt 65 ff.
— Wirksamkeit 69 ff.
— Zusicherung 68 f.
— Zweckmäßigkeit 29 ff., 106
Verwaltungsgericht 111 f.
Verwaltungsgerichtshof 112
Verwaltungsprozeß 111 ff.
— Ablehnung 133 f.
— Akteneinsicht 134
— Aussetzung 133
— Befangenheit 133 f.
— Beiladung 125 f.
— Beklagter 125 f.
— Bevollmächtigte 127 f.
— Beweisaufnahme 135 f.
— Erledigung der Hauptsache 143
— Erörterung 135
— Hinweise 124 f.
— Kosten 142 f.
— mündliche Verhandlung 135
— Ruhen 133

Stichwortverzeichnis

- Sachverständigengutachten 136
- Untersuchungsgrundsatz 124 f.
- Urteil 137 f.
- Vollstreckung 143
- Wiederaufnahme 142
- Wiedereinsetzung in den vorigen Stand 130

Verwaltungsrecht 25
Verwaltungsrechtsweg 112 f.
Verwaltungsübung 36
Verwaltungsverfahren 41 ff.
- Ablehnung 51 f.
- Akteneinsicht 60 f.
- Anhörung 56, 58, 59
- Antrag 53, 55
- Antragsänderung 53
- Antragsrücknahme 43 f., 53, 110
- Augenschein 57
- ausgeschlossene Personen 51
- Befangenheit 51 f.
- Beginn 52
- Begriff 41 ff.
- Begründetheit 41 f.
- Beistand 47 f.
- Beteiligte 45 f.
- Bevollmächtigte 47 f.
- Beweisführung 55 f.
- Erledigung der Hauptsache 43
- förmliches 90 ff.
- Formfehler 74 f.
- Formfreiheit 44
- Handlungsfähigkeit 45
- Hinzuziehung 46 f.
- Mitwirkungspflicht 57
- Sachverständigengutachten 57
- unanfechtbare Verfahrensanordnungen 103 f.
- Untersuchungsgrundsatz 54
- Urkunden 57
- Verfahrensfehler 74 f.
- Vertreter 47 f.
- Vollmacht 48
- Wiederaufgreifen 82 f.
- Wiedereinsetzung in den vorigen Stand 74, 101 f.
- Zeugen 56
- Zulässigkeit 41 f.
- Zustellung 48, 70

Versicherung eidesstattliche 58
Vollmacht im Verwaltungsverfahren 48
Vollstreckung im Verwaltungsprozeß 143
Von Amts wegen Tätigkeit der Behörde 41, 52
Vorbehalt des Gesetzes 37 f.
Vorbescheid im Verwaltungsprozeß 130 f.
Vorbeugende Unterlassungsklage 119
Vorlagepflicht 54
Vorverfahren verwaltungsgerichtliches 105
Vorwegnahme der Hauptsache 149 f.

W

Widerklage 131 f.
Widerruf
- eines gerichtlichen Vergleiches 137
- eines rechtmäßigen Verwaltungsaktes 79 ff.

Widerrufsvorbehalt 65 ff., 80 f.
Widerspruchsverfahren 105 ff.
- Abhilfeentscheidung 108
- Anfechtungsklage 115
- Anhörung Dritter 108
- beamtenrechtliche Streitigkeiten 106
- Begründung des Widerspruches 107
- Einlegung 107
- Frist 99, 107
- Kostenentscheidung 109
- Notwendigkeit 105 f.
- Prüfungsumfang 106
- Untätigkeitsklage 117
- Verböserung 106
- Verpflichtungsklage 116
- Verschlechterung 106
- Verwaltungsakt mit Doppelwirkung 107
- Widerspruchsbescheid 108 f.
- Widerspruchsrücknahme 110
- Wirkungen des Widerspruchs 109 f.

Wiederaufgreifen des Verwaltungsverfahrens 82 f.

Wiederaufnahme des Verwaltungsprozesses 142
Wiedereinsetzung in den vorigen Stand
— im Verwaltungsprozeß 130
— im Verwaltungsverfahren 74, 101 ff.
Wiederherstellung der aufschiebenden Wirkung 147 ff.
Wirksamkeit eines Verwaltungsaktes 69, 70 ff.
Willkür 32, 36

Z

Zeuge
— im förmlichen Verwaltungsverfahren 90
— im Verwaltungsprozeß 136
— im Verwaltungsverfahren 56

Zivilrecht 25
Zulässigkeit
— der Klage 113 f.
— des förmlichen Verwaltungsverfahrens 90
— des öffentlich-rechtlichen Vertrages 85
— des Verwaltungsverfahrens 41 f.
Zusicherung 68 f.
Zuständigkeit örtliche im Verwaltungsprozeß 128 ff.
Zustellung 70
— an Bevollmächtigte im Verwaltungsverfahren 48, 70
— des Planfeststellungsbeschlusses 96
Zweckmäßigkeit des Verwaltungsaktes 29 ff., 106
Zwischenurteil 137